Projeto prosa

HISTÓRIA

Leylah Carvalhaes
Formada em Pedagogia pela Pontifícia Universidade Católica de São Paulo (PUC-SP)
Orientadora e coordenadora pedagógica de Educação Infantil e do Ensino Fundamental I e II

Regina Nogueira Borella
Formada em Psicologia pela Pontifícia Universidade Católica de São Paulo (PUC-SP)
Coordenadora educacional e pedagógica de Educação Infantil e Ensino Fundamental I

ENSINO FUNDAMENTAL **2º ANO**

Editora Saraiva

ISBN 978-85-02-07442-2
ISBN 978-85-02-07443-9 (Livro do Professor)

Projeto Prosa História (Ensino Fundamental) – 2º ano
© Leylah Carvalhaes, Regina Nogueira Borella, 2008
Direitos desta edição:
SARAIVA S. A. – Livreiros Editores, São Paulo, 2008
Todos os direitos reservados

Gerente editorial	Marcelo Arantes
Editor	Silvana Rossi Júlio
Assistente editorial	Simone D'Alevedo e Mirian Martins Pereira
Coordenador de revisão	Camila Christi Gazzani
Revisores	Lucia Scoss Nicolai (enc.), Elaine A. Pinto, Renata Palermo
Assistente de produção editorial	Rachel Lopes Corradini
Pesquisa iconográfica	Iron Mantovanello
Gerente de arte	Nair de Medeiros Barbosa
Coordenador de arte	Vagner Castro dos Santos
Assistente de produção	Grace Alves
Projeto gráfico e capa	Homem de Melo & Troia Design
Foto de capa	Jupiter Unlimited/Keydisc Modelo em miniatura de uma casinha de montar.
Ilustrações	Bruna Brito, Camila de Godoy, Kanton, Patricia Lima, Roberto Weigand, Rodval Matias
Diagramação	Walter Reinoso, Selma Caparroz
Impressão e Acabamento	EGB - Editora Gráfica Bernardi - Ltda.

Dados Internacionais de Catalogação na Publicação (CIP)
(Câmara Brasileira do Livro, SP, Brasil)

Carvalhaes, Leylah
    Projeto Prosa : história, ensino fundamental, 2º ano / Leylah Carvalhaes, Regina Nogueira Borella. – 1. ed. – São Paulo : Saraiva, 2008.

Suplementado pelo manual do professor.
ISBN 978-85-02-07442-2 (aluno)
ISBN 978-85-02-07443-9 (professor)

1. História (Ensino fundamental) I. Borella, Regina Nogueira. II. Título.

08-07964   CDD-372.89

Índices para catálogo sistemático:
1. História : Ensino fundamental   372.89

Impresso no Brasil
4   5   6   7   8   9   10

Esta obra está em conformidade com as novas regras do Acordo Ortográfico da Língua Portuguesa, assinado em Lisboa, em 16 de dezembro de 1990, e aprovado pelo Decreto Legislativo nº 54, de 18 de abril de 1995, publicado no *Diário Oficial da União* em 20/04/1995 (Seção I, p. 5585).

O material de publicidade e propaganda reproduzido nesta obra está sendo utilizado apenas para fins didáticos, não representando qualquer tipo de recomendação de produtos ou empresas por parte do(s) autor(es) e da editora.

2010

R. Henrique Schaumann, 270 – CEP 05413-010 – Pinheiros – São Paulo-SP
Tel.: PABX (0**11) 3613-3000 – Fax: (0**11) 3611-3308
Televendas: (0**11) 3616-3666 – Fax Vendas: (0**11) 3611-3268
Atendimento ao professor: (0**11) 3613-3030 Grande São Paulo – 0800-0117875 Demais localidades
Endereço Internet: www.editorasaraiva.com.br – E-mail: atendprof.didatico@editorasaraiva.com.br

Conheça a organização do seu livro

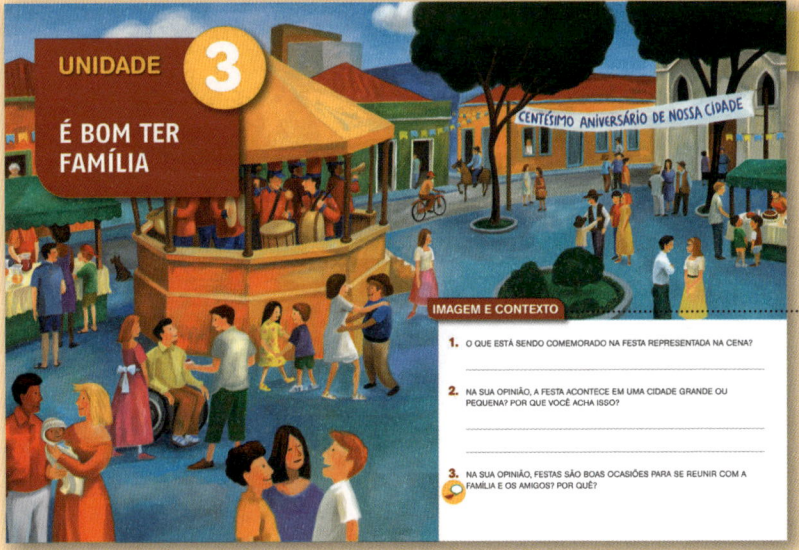

Unidades

Seu livro tem oito unidades. As aberturas das unidades trazem imagens que introduzem o trabalho a ser desenvolvido.

Na seção **IMAGEM E CONTEXTO**, você vai ser convidado a observar os elementos da imagem e relacioná-los com seus conhecimentos sobre o tema ou com o seu dia-a-dia.

Capítulos

Cada unidade é dividida em dois capítulos, que exploram e desenvolvem os conteúdos e conceitos estudados.
Cada capítulo é composto de seções. Em cada seção você desenvolve atividades variadas, escritas e orais, ou em dupla com um colega ou em grupo.

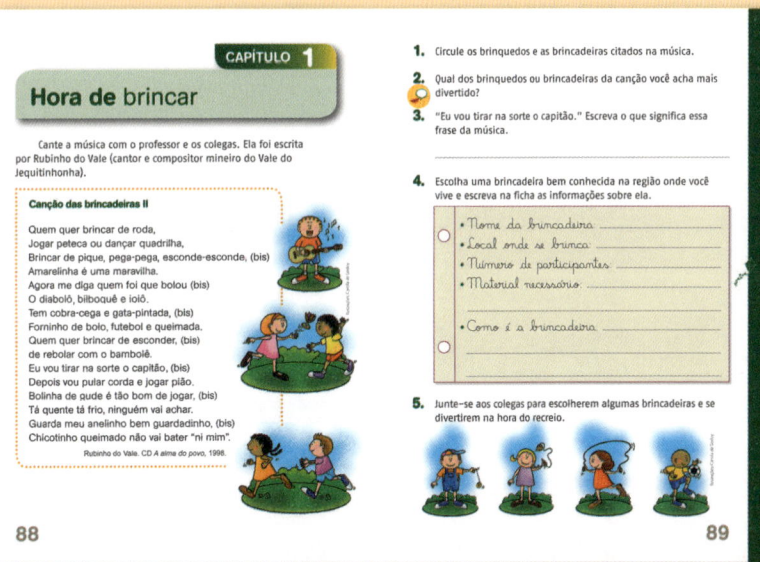

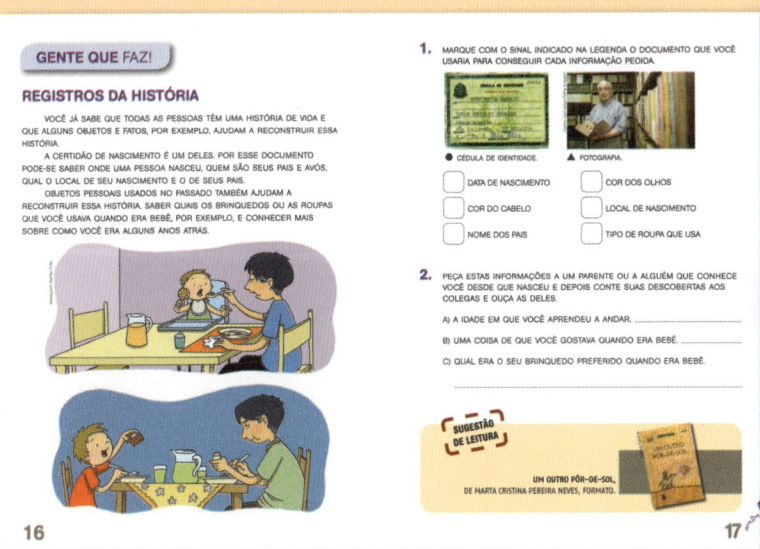

Gente que faz!

Nesta seção, os textos, as imagens e as atividades foram planejados de forma a permitir que você conheça alguns procedimentos que caracterizam o trabalho do historiador.

Conheça a organização do seu livro

Rede de Ideias

As atividades propostas vão ajudá-lo a retomar as principais ideias do que você trabalhou na unidade.

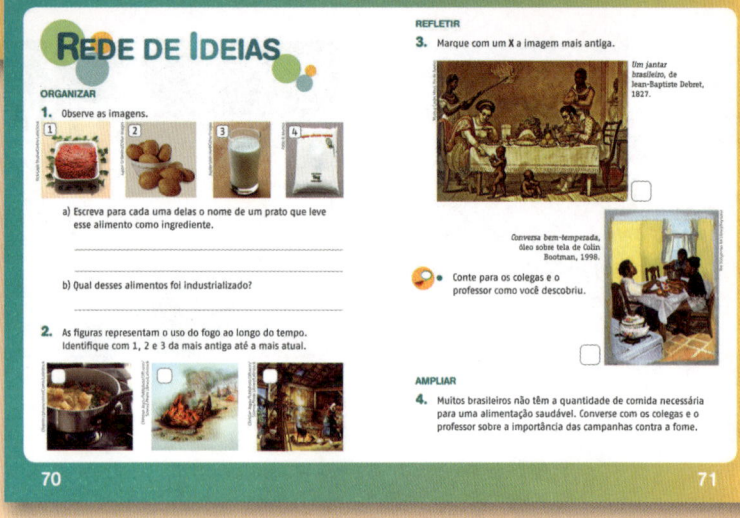

Convivência

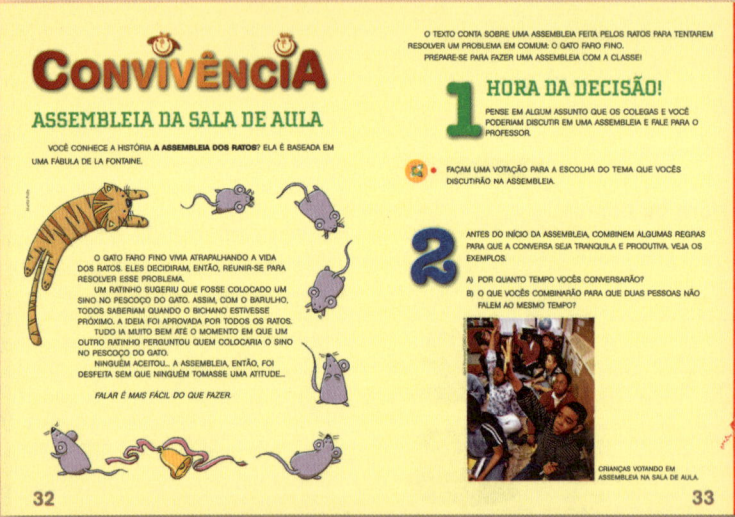

Quatro das oito unidades terminam com esta seção. É o momento de refletir sobre valores e atitudes que vão contribuir para você se tornar um cidadão consciente e participante.

Organizadores

Ao longo do livro você vai ser convidado a realizar várias atividades. Em algumas delas, fique atento para as orientações com ícones.

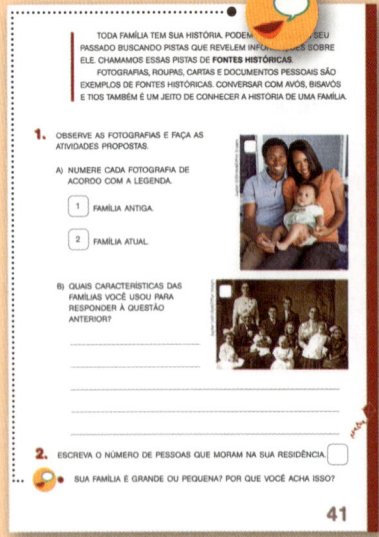

Conheça os significados dos ícones:

 atividade oral

 atividade em dupla

 atividade em grupo

CAPÍTULO 1

QUEM MORA AQUI?

TODAS AS PESSOAS PRECISAM DE UM LUGAR PARA MORAR, ONDE POSSAM DESCANSAR, ALIMENTAR-SE, PROTEGER-SE E CONVIVER COM FAMILIARES E AMIGOS.

É TAMBÉM EM SUAS MORADIAS QUE AS PESSOAS GUARDAM OBJETOS PESSOAIS, COMO ROUPAS, SAPATOS E DOCUMENTOS.

HÁ QUEM CONSTRUA SUA PRÓPRIA MORADIA E TAMBÉM QUEM COMPRE OU ALUGUE MORADIAS PRONTAS.

ALUGAR: PALAVRA RELACIONADA A *ALUGUEL* – PAGAMENTO FEITO EM PERÍODOS REGULARES PELO USO DE ALGO OU ALGUM LOCAL.

1. RECORTE DE JORNAIS OU REVISTAS UMA FOTOGRAFIA DE MORADIA QUE MAIS LEMBRA A SUA. MOSTRE-A AOS COLEGAS E DESCUBRA SE ALGUM DELES ESCOLHEU UMA PARECIDA COM A QUE VOCÊ RECORTOU.

48

ALUGAR:
PALAVRA RELACIONADA A *ALUGUEL* – PAGAMENTO FEITO EM PERÍODOS REGULARES PELO USO DE ALGO OU ALGUM LOCAL.

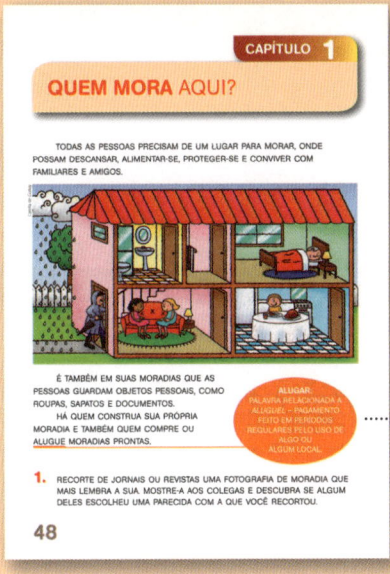

Glossário:

Nos capítulos, alguns termos e expressões mais complexos são definidos ao lado do texto correspondente, a fim de facilitar a leitura e a compreensão.

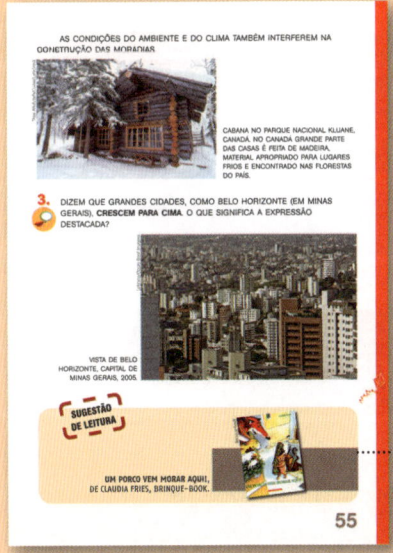

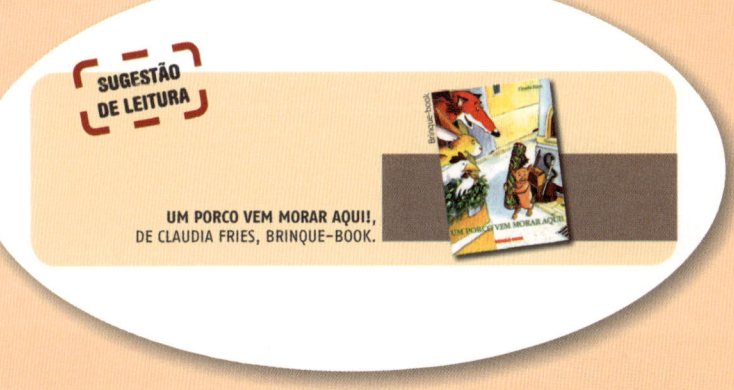

AS CONDIÇÕES DO AMBIENTE E DO CLIMA TAMBÉM INTERFEREM NA CONSTRUÇÃO DAS MORADIAS.

CABANA NO PARQUE NACIONAL KLUANE, CANADÁ. NO CANADÁ GRANDE PARTE DAS CASAS É FEITA DE MADEIRA, MATERIAL APROPRIADO PARA LUGARES FRIOS E ENCONTRADO NAS FLORESTAS DO PAÍS.

3. DIZEM QUE GRANDES CIDADES, COMO BELO HORIZONTE (EM MINAS GERAIS), **CRESCEM PARA CIMA**. O QUE SIGNIFICA A EXPRESSÃO DESTACADA?

VISTA DE BELO HORIZONTE, CAPITAL DE MINAS GERAIS, 2005.

SUGESTÃO DE LEITURA

UM PORCO VEM MORAR AQUI!, DE CLAUDIA FRIES, BRINQUE-BOOK.

55

SUGESTÃO DE LEITURA

UM PORCO VEM MORAR AQUI!,
DE CLAUDIA FRIES, BRINQUE-BOOK.

Sugestão de leitura:

As unidades trazem sugestões de leitura, com a indicação de livros que permitem enriquecer os assuntos abordados.

1. Na sua opinião, quando os seres humanos aprenderam a cultivar seus alimentos, eles passaram a ter mais ou menos opções de alimentação? Por quê?

2. Leia, converse com os colegas e o professor e responda à pergunta.

Muito antes de aprender a cultivar seus alimentos, os seres humanos já tinham feito uma importante descoberta para sua alimentação: como produzir **fogo**.

O controle do fogo melhorou as condições de alimentação das pessoas, porque permitiu que muitos alimentos passassem a ser cozidos e assados (demorando mais tempo para se estragarem).

- Que outras vantagens o controle do fogo pode ter trazido para os seres humanos?

3. Procure no caça-palavras o que falta para completar as frases.

a) O controle do ■ foi importante para melhorar a alimentação dos seres humanos.

b) Quando aprenderam a plantar seus alimentos, os seres humanos tornaram-se ■ de seus alimentos.

X	B	F	G	O	T	M	L	A	N	Y	K
T	N	K	J	I	P	L	D	S	E	H	U
C	X	Z	M	F	O	G	O	N	Y	K	E
L	A	N	Y	K	E	W	X	B	F	G	O
M	K	L	P	I	X	B	F	G	O	T	H
W	P	R	O	D	U	T	O	R	E	S	J
F	H	T	C	D	N	E	R	K	L	T	O
I	M	L	P	K	T	N	Z	D	N	B	G
T	N	W	D	U	T	X	I	G	O	Q	K
B	F	H	T	O	X	I	Z	P	L	D	S

67

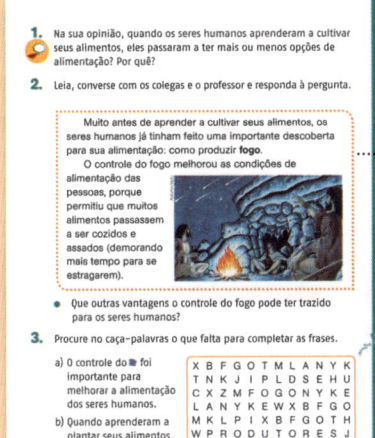

Fontes e testemunhos históricos:

Ao longo de todo o livro você vai entrar em contato com muitas fontes e testemunhos históricos: mapas, fotografias, depoimentos, objetos (cultura material), trechos de relatos de viagem, de artigos de jornais e revistas, além de obras de escritores, especialistas e historiadores.

Sumário

UNIDADE 1 — MUITO PRAZER! 8

1. **VOCÊ E SEU NOME** 10
   - PROVANDO QUEM EU SOU 12

2. **VOCÊ TEM HISTÓRIA** 14
   - GENTE QUE FAZ!
   - REGISTROS DA HISTÓRIA 16
   - REDE DE IDEIAS 18

Unidade 2 — AMIGOS AQUI E ALI 20

1. **ESTAR JUNTO** 22
   - RESOLVENDO CONFLITOS 24

2. **COMPARTILHANDO AS DECISÕES** 26
   - PARA O BEM DE TODOS 28
   - REDE DE IDEIAS 30
   - CONVIVÊNCIA
   - ASSEMBLEIA DA SALA DE AULA 32

Unidade 3 — É BOM TER FAMÍLIA 34

1. **VOCÊ NÃO VIVE SÓ** 36
   - VIDA EM FAMÍLIA 38

2. **FAMÍLIA SEMPRE** 40
   - FAMÍLIAS DE OUTROS LUGARES 42
   - REDE DE IDEIAS 44

Unidade 4 — UM LUGAR PARA MORAR 46

1. **QUEM MORA AQUI?** 48
   - ONDE VOCÊ MORA? 50

2. **ERA UMA VEZ UMA CASA** 52
   - CASAS PELO MUNDO 54
   - REDE DE IDEIAS 56
   - CONVIVÊNCIA
   - MUDANÇA NA PAISAGEM 58

Unidade 5 — Que fome! — 60

1. **De dar água na boca** 62
   - Como você se alimenta? 64

2. **Alimentando-se ao longo do tempo** 66
   - A alimentação em outros tempos e lugares 68
   - **Rede de Ideias** 70

Unidade 6 — Lugares de aprender — 72

1. **Conviver e aprender** 74
   - Escolas de outros tempos 76

2. **Jeitos de aprender** 78
   - Cada escola no seu tempo 80
   - **Rede de Ideias** 82
   - **Convivência**
   - Toda escola tem sua história 84

Unidade 7 — É hora de diversão! — 86

1. **Hora de brincar** 88
   - Brincando como os indígenas 90

2. **Brinquedo tem história** 92
   - Quem faz os brinquedos 94
   - **Rede de Ideias** 96

Unidade 8 — É bom ser criança — 98

1. **Os direitos das crianças** 100
   - O trabalho infantil 102

2. **As crianças também contribuem** 104
   - Gente que faz!
     - Trilha cidadã 106
   - **Rede de Ideias** 108
   - **Convivência**
   - Declaração Universal dos Direitos da Criança 110

IMAGEM E CONTEXTO

1. QUE LUGAR ESTÁ REPRESENTADO NA CENA? PINTE O QUADRO CORRETO.

RESTAURANTE **COMA BEM**

MATERNIDADE **VIVA A VIDA**

ESCOLA **REINO DA CRIANÇA**

HOTEL **SUAVE CONFORTO**

2. PEDRO CHEGOU COM O PAI À MATERNIDADE PARA VISITAR SUA IRMÃ, LAURA. TRACE O CAMINHO QUE LEVA O MENINO E O PAI ATÉ O QUARTO COM O NOME DA MENINA.

3. NA REGIÃO EM QUE VOCÊ MORA, ONDE AS CRIANÇAS NASCEM? CONVERSE COM OS COLEGAS E O PROFESSOR.

CAPÍTULO 1

VOCÊ E SEU NOME

TODA CRIANÇA TEM DIREITO, QUANDO NASCE, A RECEBER UM NOME. A ESCOLHA DO NOME COSTUMA SER O INÍCIO DA HISTÓRIA DE VIDA DA CRIANÇA. GERALMENTE O NOME É ESCOLHIDO PELOS FAMILIARES.

NOSSO NOME NOS ACOMPANHA POR TODA A VIDA, NOS DIFERENCIA UNS DOS OUTROS E NOS IDENTIFICA DIANTE DAS PESSOAS.

ALÉM DO NOME, TEMOS SOBRENOMES. OS SOBRENOMES PODEM IDENTIFICAR A FAMÍLIA DA QUAL CADA UM DE NÓS FAZ PARTE.

OS SOBRENOMES TÊM ORIGENS DIVERSAS. VEJA ALGUNS EXEMPLOS:

- PODEM INDICAR O LUGAR ONDE NASCEU O PRIMEIRO PARENTE QUE O USOU, COMO COIMBRA E LISBOA (CIDADES DE PORTUGAL).
- FORAM ADOTADOS A PARTIR DO NOME DO PAI: RODRIGUES, EM SUA ORIGEM, SIGNIFICA FILHO DE RODRIGO.
- PODEM REFLETIR UM ASPECTO RELIGIOSO, COMO SANTOS E BATISTA.

1. SE EM UMA CLASSE HÁ DUAS CRIANÇAS COM O MESMO NOME, COMO PODEMOS IDENTIFICAR CADA UMA?

2. O PROFESSOR VAI LER O TEXTO A SEGUIR. OUÇA E ACOMPANHE A LEITURA.

> ÀS VEZES, OS MENINOS RECEBEM O MESMO NOME E SOBRENOME DO PAI. NESSE CASO, ACRESCENTA-SE AO FINAL DO SOBRENOME O TERMO **FILHO** OU **JÚNIOR** (USADOS PARA DIFERENCIAR PAI E FILHO).

- PINTE O QUADRINHO COM O NOME DA PESSOA QUE TEM O MESMO NOME DO AVÔ.

PAULO HENRIQUE LOPES JÚNIOR	MARIA DO CARMO ANDRADE
ALEXANDRE RODRIGUES FILHO	ROBERTO CALDAS NETO

3. COM A AJUDA DE UM ADULTO DA SUA FAMÍLIA, RESPONDA ÀS QUESTÕES.

A) QUEM ESCOLHEU O SEU NOME?
_____

B) ALGUÉM DA SUA FAMÍLIA TEM O MESMO NOME QUE VOCÊ? QUEM?
_____

C) QUANTAS PALAVRAS COMPÕEM O SEU SOBRENOME? QUAIS SÃO ELAS?
_____

- NO BRASIL, NÃO EXISTE LIMITAÇÃO PARA O NÚMERO DE SOBRENOMES.
- NA ESPANHA, SÃO PERMITIDOS NO MÁXIMO DOIS SOBRENOMES.
- NO JAPÃO, O SOBRENOME DA PESSOA VEM ANTES DO NOME.

PROVANDO QUEM EU SOU

UM **DOCUMENTO PESSOAL** É UM REGISTRO USADO PARA CONHECER OU COMPROVAR UMA INFORMAÇÃO SOBRE ALGUÉM.

A CERTIDÃO DE NASCIMENTO, A CARTEIRA DE VACINAÇÃO E O BOLETIM DA ESCOLA SÃO EXEMPLOS DE DOCUMENTOS PESSOAIS.

OS DOCUMENTOS PESSOAIS AJUDAM A CONHECER A HISTÓRIA DAS PESSOAS. ALÉM DELES, FOTOGRAFIAS, ROUPAS, BRINQUEDOS E OUTROS OBJETOS PODEM AUXILIAR NA CONSTRUÇÃO DA HISTÓRIA DE CADA UM.

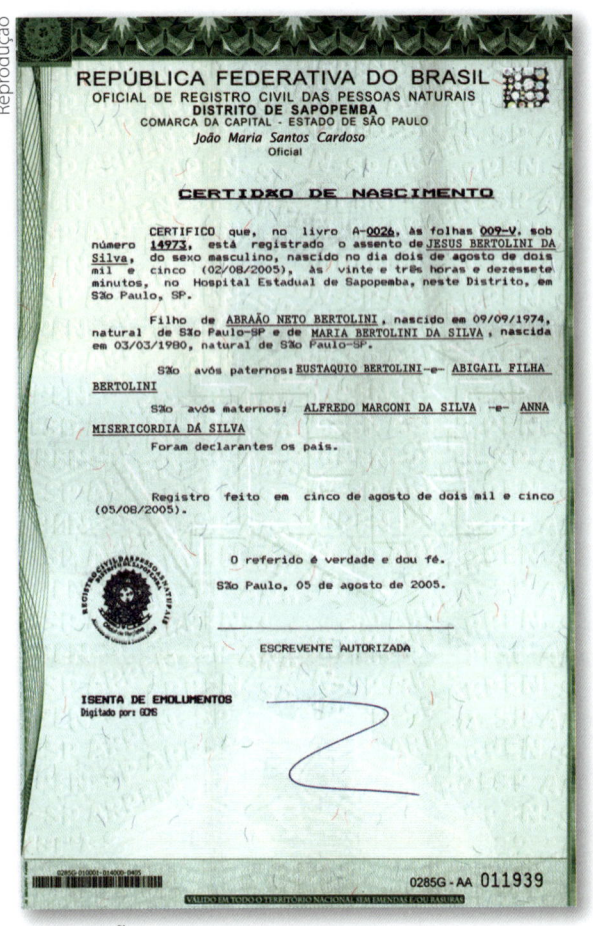

CERTIDÃO DE NASCIMENTO.

CARTEIRA DE VACINAÇÃO.

BOLETIM ESCOLAR.

1. PREENCHA A FICHA COM AS INFORMAÇÕES PEDIDAS. PROCURE O QUE NÃO SOUBER NA SUA CERTIDÃO DE NASCIMENTO.

A) SEU NOME COMPLETO
_____

B) NOME COMPLETO DE SUA MÃE
_____

C) DIA, MÊS E ANO DO SEU NASCIMENTO
_____

D) CIDADE ONDE VOCÊ NASCEU
_____

2.  TRAGA PARA A ESCOLA UMA FOTOGRAFIA DE UM MOMENTO MARCANTE DA SUA HISTÓRIA. MOSTRE A SUA FOTOGRAFIA AOS COLEGAS E CONTE ALGUNS FATOS SOBRE ELA.

A) ONDE VOCÊ ESTAVA?

B) O QUE ESTAVA FAZENDO?

C) QUANTOS ANOS TINHA?

D) SE APARECEM OUTRAS PESSOAS NA FOTOGRAFIA, QUEM SÃO?

CAPÍTULO 2
VOCÊ TEM HISTÓRIA

ATÉ 1500, AS TERRAS ONDE HOJE FICA O BRASIL ERAM HABITADAS POR DIFERENTES POVOS INDÍGENAS. NESSE ANO, CHEGARAM OS PORTUGUESES, COM O OBJETIVO DE TOMAR POSSE DESSAS TERRAS.

ALGUMAS <u>DÉCADAS</u> DEPOIS, COMEÇARAM A VIR TAMBÉM, À FORÇA, AFRICANOS ESCRAVIZADOS.

> **DÉCADA:** PERÍODO DE DEZ ANOS.

ATUALMENTE, PESSOAS DO MUNDO INTEIRO VIVEM NO BRASIL. HÁ TAMBÉM MUITOS BRASILEIROS QUE VIVEM EM OUTROS PAÍSES.

TOMIE OHTAKE É UMA DESSAS PESSOAS QUE VIERAM MORAR EM NOSSO PAÍS. ELA NASCEU NA CIDADE DE QUIOTO, NO JAPÃO, E EM 1936, AOS 23 ANOS DE IDADE, MUDOU-SE PARA O BRASIL. FIXOU-SE NA CIDADE DE SÃO PAULO, ONDE SE TORNOU UMA IMPORTANTE ARTISTA PLÁSTICA.

TOMIE OHTAKE EM SEU ESTÚDIO EM SÃO PAULO, AOS 93 ANOS DE IDADE (2007).

ESCULTURA COMEMORATIVA DOS 80 ANOS DA IMIGRAÇÃO JAPONESA, DE TOMIE OHTAKE, 1988, EM UMA IMPORTANTE AVENIDA DE SÃO PAULO.

1. VOCÊ CONHECE ALGUÉM QUE NASCEU EM OUTRO PAÍS? QUEM É ESSA PESSOA? DE QUE PAÍS ELA VEIO? CONVERSE COM OS COLEGAS E O PROFESSOR.

2. LEIA O TEXTO DO QUADRO.

> TOMIE OHTAKE NASCEU NO PAÍS CHAMADO JAPÃO.
> A CIDADE ONDE TOMIE NASCEU CHAMA-SE QUIOTO.
> QUIOTO É UMA CIDADE MUITO ANTIGA.

AGORA COMPLETE AS FRASES COM INFORMAÇÕES SOBRE VOCÊ.

A) EU NASCI NO PAÍS CHAMADO _____.

B) A CIDADE ONDE NASCI CHAMA-SE _____.

C) _____ É UMA CIDADE _____.
   (NOME DA CIDADE)   (CARACTERÍSTICA DA CIDADE)

3. LEIA A INFORMAÇÃO DO QUADRO.

> ALGUMAS PESSOAS NASCEM E VIVEM A VIDA INTEIRA NA MESMA CIDADE; OUTRAS SE MUDAM UMA OU MAIS VEZES.

MARQUE COM UM **X** A FRASE QUE ESTÁ DE ACORDO COM A SUA VIDA.

☐ EU NÃO MORO NA MESMA CIDADE EM QUE NASCI.

☐ MINHA FAMÍLIA SEMPRE MOROU NA MESMA CIDADE ONDE NASCI.

☐ MEUS AVÓS MUDARAM DE CIDADE ANTES DE EU NASCER.

4. OBSERVE ESTA IMAGEM E DESCREVA NO CADERNO O QUE ELA REPRESENTA PARA VOCÊ.

GENTE QUE FAZ!

REGISTROS DA HISTÓRIA

VOCÊ JÁ SABE QUE TODAS AS PESSOAS TÊM UMA HISTÓRIA DE VIDA E QUE ALGUNS OBJETOS E FATOS, POR EXEMPLO, AJUDAM A RECONSTRUIR ESSA HISTÓRIA.

A CERTIDÃO DE NASCIMENTO É UM DELES. POR ESSE DOCUMENTO PODE-SE SABER ONDE UMA PESSOA NASCEU, QUEM SÃO SEUS PAIS E AVÓS, QUAL O LOCAL DE SEU NASCIMENTO E O DE SEUS PAIS.

OBJETOS PESSOAIS USADOS NO PASSADO TAMBÉM AJUDAM A RECONSTRUIR ESSA HISTÓRIA. SABER QUAIS OS BRINQUEDOS OU AS ROUPAS QUE VOCÊ USAVA QUANDO ERA BEBÊ, POR EXEMPLO, E CONHECER MAIS SOBRE COMO VOCÊ ERA ALGUNS ANOS ATRÁS.

Ilustrações: Marilia Pirillo

1. MARQUE COM O SINAL INDICADO NA LEGENDA O DOCUMENTO QUE VOCÊ USARIA PARA CONSEGUIR CADA INFORMAÇÃO PEDIDA.

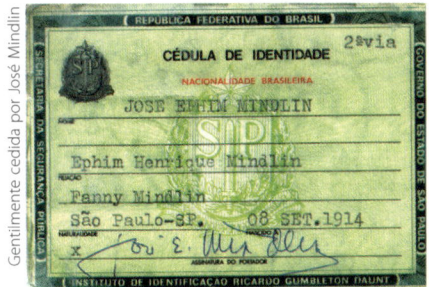

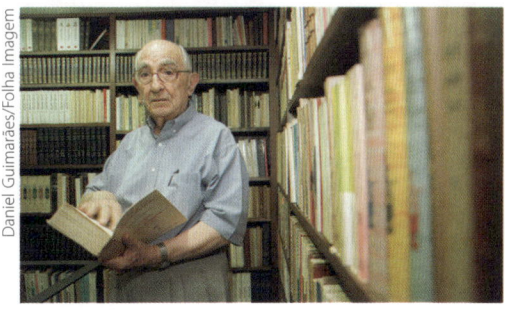

Gentilmente cedida por José Mindlin

REPÚBLICA FEDERATIVA DO BRASIL

CÉDULA DE IDENTIDADE 2ªvia

NACIONALIDADE BRASILEIRA

JOSÉ EPHIM MINDLIN

Ephim Henrique Mindlin

Fanny Mindlin

São Paulo-SP. 08 SET.1914

INSTITUTO DE IDENTIFICAÇÃO RICARDO GUMBLETON DAUNT

Daniel Guimarães/Folha Imagem

● CÉDULA DE IDENTIDADE.

▲ FOTOGRAFIA.

- [ ] DATA DE NASCIMENTO
- [ ] COR DO CABELO
- [ ] NOME DOS PAIS
- [ ] COR DOS OLHOS
- [ ] LOCAL DE NASCIMENTO
- [ ] TIPO DE ROUPA QUE USA

2. PEÇA ESTAS INFORMAÇÕES A UM PARENTE OU A ALGUÉM QUE CONHECE VOCÊ DESDE QUE NASCEU E DEPOIS CONTE SUAS DESCOBERTAS AOS COLEGAS E OUÇA AS DELES.

A) A IDADE EM QUE VOCÊ APRENDEU A ANDAR. ____________________

B) UMA COISA DE QUE VOCÊ GOSTAVA QUANDO ERA BEBÊ.

____

C) QUAL ERA O SEU BRINQUEDO PREFERIDO QUANDO ERA BEBÊ.

____

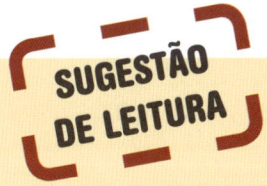

SUGESTÃO DE LEITURA

Editora Saraiva

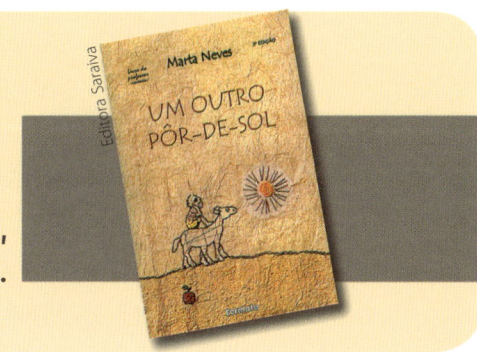

UM OUTRO PÔR-DE-SOL,
DE MARTA CRISTINA PEREIRA NEVES, FORMATO.

REDE DE IDEIAS

ORGANIZAR

1. O SEU SOBRENOME É IGUAL AO DE:

☐ SEU PAI.   ☐ SUA MÃE.   ☐ SEUS IRMÃOS.

2. PESQUISE (EM REVISTAS, JORNAIS OU FOLHETOS) BRINQUEDOS, ROUPAS E OUTROS OBJETOS QUE FIZERAM PARTE DA SUA HISTÓRIA QUANDO VOCÊ ERA BEBÊ. COLE AS IMAGENS ENCONTRADAS EM UMA FOLHA.

- COMPARE AS IMAGENS QUE VOCÊ COLOU COM OS OBJETOS QUE VOCÊ USA ATUALMENTE. O QUE MUDOU?

3. QUANDO AS PESSOAS MUDAM DE UM LUGAR PARA OUTRO, OS SENTIMENTOS SÃO MUITOS. OBSERVE COMO A ARTISTA ALICE PRINA REPRESENTOU UMA SITUAÇÃO DE MUDANÇA.

MUDANÇA EM CORES, ALICE PRINA, 2007.

A) NA SUA OPINIÃO, QUE MENSAGEM ESTA CENA TRANSMITE?

B) FAÇA UM DESENHO PARA MOSTRAR COMO VOCÊ VÊ UMA SITUAÇÃO DE MUDANÇA DE MORADIA.

REFLETIR

4. ACOMPANHE A LEITURA QUE O PROFESSOR FARÁ.

> ### POR UM BRASIL COM NOME E SOBRENOME
>
> ### O REGISTRO DE NASCIMENTO É UM DIREITO E É GRATUITO, VOCÊ SABIA?
>
> A LEI 9534 DE 10 DE DEZEMBRO DE 1997 ESTABELECE A GRATUIDADE PARA O REGISTRO CIVIL DE NASCIMENTO. É IMPORTANTE OBSERVAR QUE TODA PESSOA TEM O DIREITO DE SER REGISTRADA E DE POSSUIR UMA CERTIDÃO DE NASCIMENTO, E O CARTÓRIO DE REGISTRO CIVIL NÃO PODE COBRAR NADA PARA FAZER O REGISTRO, DAR A PRIMEIRA VIA DA CERTIDÃO DE NASCIMENTO A TODAS AS PESSOAS, OU, AINDA, FORNECER A SEGUNDA VIA PARA UMA PESSOA RECONHECIDAMENTE POBRE.
>
> SECRETARIA ESPECIAL DOS DIREITOS HUMANOS. *BOLETIM DA MOBILIZAÇÃO NACIONAL – ANEXO II*. PARANÁ, JUNHO DE 2004.

A) CIRCULE NO TEXTO O NOME DO DOCUMENTO PESSOAL A QUE ELE SE REFERE.

B) NA SUA OPINIÃO, É IMPORTANTE QUE ESSE DOCUMENTO NÃO SEJA COBRADO PELO CARTÓRIO? POR QUÊ?

AMPLIAR

5. QUE OUTROS MATERIAIS OS PESQUISADORES PODEM USAR PARA RECONSTRUIR UM MOMENTO HISTÓRICO? CONVERSE COM OS COLEGAS E O PROFESSOR.

UNIDADE 2
AMIGOS AQUI E ALI

IMAGEM E CONTEXTO

1. CIRCULE NA CENA AS SITUAÇÕES QUE REPRESENTAM CADA FRASE.

> OS ADULTOS TAMBÉM GOSTAM DE TER AMIGOS.

> LER É UMA ÓTIMA MANEIRA DE AS CRIANÇAS SE DIVERTIREM.

2. O QUE VOCÊ DIRIA PARA AS CRIANÇAS QUE ESTÃO RINDO DO MENINO QUE ESTÁ PRÓXIMO DO CARRINHO DE PIPOCA?

CAPÍTULO 1

ESTAR JUNTO

É MUITO BOM TER AMIGOS. COM ELES COMPARTILHAMOS MUITOS MOMENTOS DE NOSSAS VIDAS: BRINCAMOS, ESTUDAMOS, CONVERSAMOS. UM AMIGO ESTÁ AO NOSSO LADO EM TODAS AS HORAS, NOS AJUDA, NOS OUVE E PROCURA ENTENDER O QUE SENTIMOS.

OS AMIGOS NÃO PRECISAM SER IGUAIS. NÃO É NECESSÁRIO QUE PENSEM DA MESMA MANEIRA OU GOSTEM DAS MESMAS COISAS. CONVIVER COM AS DIFERENÇAS NOS FAZ APRENDER MAIS E NOS TORNA PESSOAS MELHORES.

CRIANÇAS DIFERENTES, AMIZADE ESPECIAL.

IDADES DIFERENTES NÃO SEPARAM.

ADOLESCENTES SE UNEM PELAS IDEIAS.

UM AJUDA O OUTRO.

1. MARQUE COM UM **X** AS FRASES QUE MELHOR DESCREVEM OS AMIGOS.

☐ É BOM TER MUITOS AMIGOS PARA COMPARTILHARMOS MOMENTOS FELIZES.

☐ CADA PESSOA SÓ DEVE TER UM AMIGO.

☐ OS AMIGOS VERDADEIROS SEMPRE AJUDAM, QUANDO PODEM, NOS MOMENTOS DE NECESSIDADE.

☐ AMIGO SÓ É ÚTIL QUANDO PRECISAMOS DE AJUDA.

2. CONVERSE COM UM COLEGA DA CLASSE E ESCREVAM:

A) UMA DIFERENÇA ENTRE VOCÊS.

_____

B) ALGO DE QUE OS DOIS GOSTAM.

_____

C) ALGO DE QUE OS DOIS NÃO GOSTAM.

_____

3. QUE CONSELHO VOCÊ DARIA A UMA CRIANÇA NOVA NO BAIRRO PARA AJUDÁ-LA A FAZER AMIGOS?

_____

_____

4. NA SUA OPINIÃO, O QUE É SER UM AMIGO DE VERDADE?

Camila de Godoy

RESOLVENDO CONFLITOS

NEM SEMPRE OS AMIGOS SE ENTENDEM. ÀS VEZES, UM QUER BRINCAR DE UMA COISA E O OUTRO QUER BRINCAR DE OUTRA, E HÁ MOMENTOS EM QUE OS DOIS DISPUTAM O MESMO BRINQUEDO.

O IMPORTANTE É LEMBRAR QUE AQUELA PESSOA, ANTES DE TUDO, É NOSSA AMIGA. NÃO É PORQUE ELA NÃO PENSA OU AGE EXATAMENTE COMO NÓS GOSTARÍAMOS QUE DEIXAREMOS DE GOSTAR DELA. POR ISSO, O MELHOR JEITO DE RESOLVER OS CONFLITOS É CONVERSAR COM CALMA, CADA UM CEDENDO UM POUCO.

1. OBSERVE A ILUSTRAÇÃO DA PÁGINA ANTERIOR. POR QUE AS CRIANÇAS CONSEGUIRAM BRINCAR JUNTAS?

_____

_____

2. AGORA OBSERVE ESTAS CENAS. PINTE OS QUADROS EM QUE SE LÊ O QUE ESSAS CRIANÇAS PRECISAM APRENDER.

COMPARTILHAR   CONVERSAR   BRIGAR   COLABORAR

3. PROCURE NO CAÇA-PALAVRAS EXPRESSÕES QUE USAMOS QUANDO:

A) AGRADECEMOS UM FAVOR, UM PRESENTE, UMA GENTILEZA.

B) PEDIMOS ALGO.

C) CUMPRIMENTAMOS ALGUÉM PELO ANIVERSÁRIO.

D) CUMPRIMENTAMOS OS RECÉM-CASADOS.

J	K	I	P	O	F	E	L	I	C	I	D	A	D	E	S	K	K
S	E	L	T	Y	F	K	J	O	P	Ç	L	I	A	M	N	W	Q
M	A	I	N	P	E	W	Q	P	O	R	F	A	V	O	R	C	V
S	A	Q	Y	U	D	N	U	I	O	H	G	C	X	A	M	E	U
M	K	L	P	I	X	B	F	G	O	T	H	Q	Ç	X	A	N	J
W	P	G	I	K	D	T	E	R	T	S	J	K	I	O	N	M	Q
O	B	R	I	G	A	D	O	K	L	T	U	L	W	S	D	T	N
I	M	L	P	K	T	N	Z	D	N	B	G	M	G	Z	Q	F	S
T	N	W	D	U	T	X	P	A	R	A	B	É	N	S	U	E	R
B	F	H	T	O	X	I	Z	P	L	D	S	D	F	H	J	M	E

CAPÍTULO 2

COMPARTILHANDO AS DECISÕES

O QUILOMBO CAMPINHO

A COMUNIDADE QUILOMBOLA CAMPINHO DA INDEPENDÊNCIA SURGIU HÁ MAIS DE CEM ANOS. ELA FOI FORMADA POR TRÊS EX-ESCRAVAS, PERTO DA CIDADE DE PARATY (NO RIO DE JANEIRO), EM TERRAS QUE HAVIAM SIDO ABANDONADAS POR EX-PROPRIETÁRIOS DE ESCRAVOS.

QUILOMBOLA: ESCRAVO QUE FUGIA PARA LUGARES ESCONDIDOS NO MATO, OS QUILOMBOS. OS MORADORES DESSES LOCAIS CONTINUAM SENDO CHAMADOS DESSA FORMA.

HOJE, O ARTESANATO É UMA IMPORTANTE FONTE DE RENDA NA VIDA DA COMUNIDADE. AS FAMÍLIAS QUE VIVEM LÁ TAMBÉM PLANTAM, E PRODUZEM FEIJÃO, ARROZ, MILHO, MANDIOCA E CANA-DE-AÇÚCAR.

EM 1994 FOI CRIADA A ASSOCIAÇÃO DE MORADORES DO CAMPINHO, COM O OBJETIVO DE REUNIR OS QUILOMBOLAS PARA DISCUTIR E SOLUCIONAR OS PROBLEMAS DA COMUNIDADE.

COMUNIDADE QUILOMBOLA CAMPINHO DA INDEPENDÊNCIA, 2007. APÓS MUITOS ANOS DE LUTA, A COMUNIDADE GANHOU O DIREITO DE PROPRIEDADE DAS TERRAS ONDE VIVE.

1. DEPOIS DA LEITURA DO TEXTO DA PÁGINA ANTERIOR, ESCREVA:

A) O NOME DE UMA ATIVIDADE QUE OS MORADORES DA COMUNIDADE QUILOMBOLA CAMPINHO FAZEM EM CONJUNTO.

_____

B) COMO SÃO RESOLVIDOS OS PROBLEMAS DA COMUNIDADE QUILOMBOLA.

_____

_____

HÁ SITUAÇÕES EM QUE AS PESSOAS SE REÚNEM PARA CONVERSAR SOBRE PROBLEMAS E ASSUNTOS DE INTERESSE COMUM. NESSES ENCONTROS, OS PARTICIPANTES EXPÕEM SUAS IDEIAS, OUVEM A OPINIÃO DE OUTRAS PESSOAS E TOMAM DECISÕES.

COLHEDORES DE UVA DA CALIFÓRNIA, ESTADOS UNIDOS, EM REUNIÃO PARA DISCUTIR SEUS PROBLEMAS NO TRABALHO, EM 1966.

2. COMO ALUNOS E PROFESSORES DA ESCOLA ONDE VOCÊ ESTUDA RESOLVEM AS SITUAÇÕES QUE DIZEM RESPEITO A TODOS?

PARA O BEM DE TODOS

TODOS VIVEMOS EM SOCIEDADE E DEVEMOS TER ATITUDES QUE CONTRIBUAM PARA UMA CONVIVÊNCIA SAUDÁVEL E HARMONIOSA ENTRE AS PESSOAS.

SÓ É POSSÍVEL TOMAR DECISÕES EM CONJUNTO QUANDO HÁ RESPEITO ENTRE TODOS.

1. OBSERVE A ILUSTRAÇÃO E PINTE AS CRIANÇAS COM ATITUDES QUE CONTRIBUEM PARA UMA BOA CONVIVÊNCIA.

- DESENHE NA ILUSTRAÇÃO UMA ATITUDE QUE VOCÊ COSTUMA TER COM O OBJETIVO DE CONTRIBUIR PARA UMA BOA CONVIVÊNCIA NA ESCOLA.

2. CONVERSE COM OS COLEGAS E O PROFESSOR SOBRE OS ACORDOS E AS REGRAS DE CONVIVÊNCIA EXISTENTES NA ESCOLA ONDE VOCÊ ESTUDA.

- ESCOLHA E ESCREVA DOIS DESSES ACORDOS OU REGRAS.

_____
_____
_____
_____

3. REÚNA-SE COM UM COLEGA E OBSERVEM A CENA.
UM DE VOCÊS VAI LER A PERGUNTA DA MÃE E O OUTRO DEVE DIZER O QUE RESPONDERIA SE FOSSE A CRIANÇA. DEPOIS TROQUEM OS PAPÉIS.

MÃE: – O QUE VOCÊ ESTÁ FAZENDO?

CRIANÇA: _____
_____

MÃE: – O QUE NÓS HAVÍAMOS COMBINADO SOBRE ESSAS BRINCADEIRAS?

CRIANÇA: _____
_____

SUGESTÃO DE LEITURA

AMIGOS DO PEITO, DE CLÁUDIO THEBAS, FORMATO.

REDE DE IDEIAS

ORGANIZAR

1. LEIA O TEXTO.

MACACOTE E PORCO PANÇA

MACACOTE E PORCO PANÇA MORAM LÁ NO MEIO DA FLORESTA.

SÃO MUITO AMIGOS, EMBORA SEJAM MUITO DIFERENTES.

MACACOTE LEU TANTOS LIVROS DE AVENTURAS QUE TEM MANIA DE SER HERÓI.

ELE SE METE EM TUDO QUANTO É BRIGA, MAS ACABA SEMPRE APANHANDO.

PORCO PANÇA TEM OUTRAS PREOCUPAÇÕES.

APESAR DESSA DIFERENÇA, NOSSOS AMIGOS ESTÃO SEMPRE JUNTOS.

RUTH ROCHA. *MACACOTE E PORCO PANÇA*. SÃO PAULO: ÁTICA, 1996.

A) LEIA O TRECHO E RESPONDA: A ATITUDE DE MACACOTE CONTRIBUI PARA UMA CONVIVÊNCIA HARMONIOSA COM OS COLEGAS? POR QUÊ?

> "MACACOTE SE METE EM TUDO QUANTO É BRIGA, MAS ACABA SEMPRE APANHANDO."

B) PINTE O MELHOR CONSELHO QUE MACACOTE PODE RECEBER.

VOCÊ DEVE APRENDER A BRIGAR PARA NÃO APANHAR.

É POSSÍVEL RESOLVER DESENTENDIMENTOS COM UMA CONVERSA.

REFLETIR

2. LEIA A TIRINHA.

A) O QUE A MÔNICA ENTENDEU COM A FRASE DO CEBOLINHA: "QUE TAL COM UM *TABULEILO* DE *XADLEZ*"?

_____

_____

B) O QUE O CEBOLINHA REALMENTE QUIS DIZER COM ESSA FRASE?

_____

_____

C) VOCÊ ACHA QUE A ATITUDE DA MÔNICA FOI CORRETA? POR QUÊ?

_____

_____

_____

AMPLIAR

3.  IMAGINE QUE DOIS GRANDES AMIGOS SEUS BRIGARAM NO CORREDOR DA ESCOLA. O QUE VOCÊ FARIA SE, COMO TESTEMUNHA, TIVESSE DE CONTAR QUEM FOI O CULPADO?

CONVIVÊNCIA

ASSEMBLEIA DA SALA DE AULA

VOCÊ CONHECE A HISTÓRIA **A ASSEMBLEIA DOS RATOS**? ELA É BASEADA EM UMA FÁBULA DE LA FONTAINE.

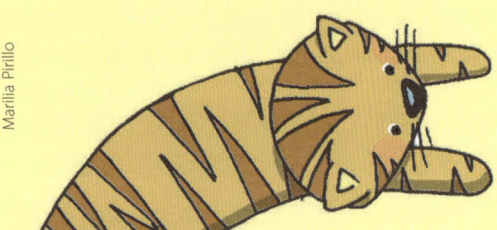

O GATO FARO FINO VIVIA ATRAPALHANDO A VIDA DOS RATOS. ELES DECIDIRAM, ENTÃO, REUNIR-SE PARA RESOLVER ESSE PROBLEMA.

UM RATINHO SUGERIU QUE FOSSE COLOCADO UM SINO NO PESCOÇO DO GATO. ASSIM, COM O BARULHO, TODOS SABERIAM QUANDO O BICHANO ESTIVESSE PRÓXIMO. A IDEIA FOI APROVADA POR TODOS OS RATOS.

TUDO IA MUITO BEM ATÉ O MOMENTO EM QUE UM OUTRO RATINHO PERGUNTOU QUEM COLOCARIA O SINO NO PESCOÇO DO GATO.

NINGUÉM ACEITOU... A ASSEMBLEIA, ENTÃO, FOI DESFEITA SEM QUE NINGUÉM TOMASSE UMA ATITUDE...

FALAR É MAIS FÁCIL DO QUE FAZER.

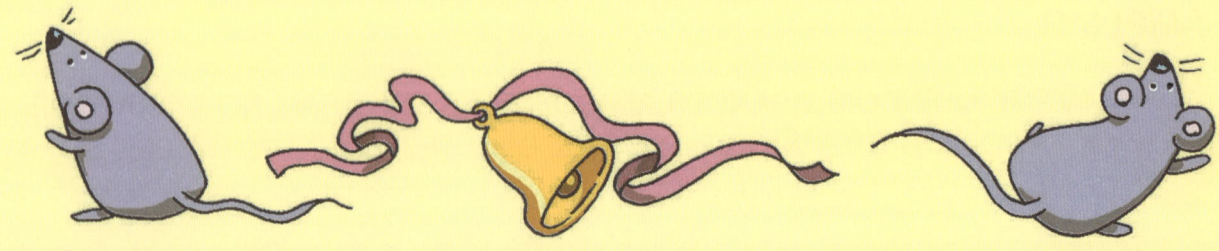

O TEXTO CONTA SOBRE UMA ASSEMBLEIA FEITA PELOS RATOS PARA TENTAREM RESOLVER UM PROBLEMA EM COMUM: O GATO FARO FINO.
PREPARE-SE PARA FAZER UMA ASSEMBLEIA COM A CLASSE!

1 HORA DA DECISÃO!

PENSE EM ALGUM ASSUNTO QUE OS COLEGAS E VOCÊ PODERIAM DISCUTIR EM UMA ASSEMBLEIA E FALE PARA O PROFESSOR.

- FAÇAM UMA VOTAÇÃO PARA A ESCOLHA DO TEMA QUE VOCÊS DISCUTIRÃO NA ASSEMBLEIA.

2

ANTES DO INÍCIO DA ASSEMBLEIA, COMBINEM ALGUMAS REGRAS PARA QUE A CONVERSA SEJA TRANQUILA E PRODUTIVA. VEJA OS EXEMPLOS.

A) POR QUANTO TEMPO VOCÊS CONVERSARÃO?
B) O QUE VOCÊS COMBINARÃO PARA QUE DUAS PESSOAS NÃO FALEM AO MESMO TEMPO?

CRIANÇAS VOTANDO EM ASSEMBLEIA NA SALA DE AULA.

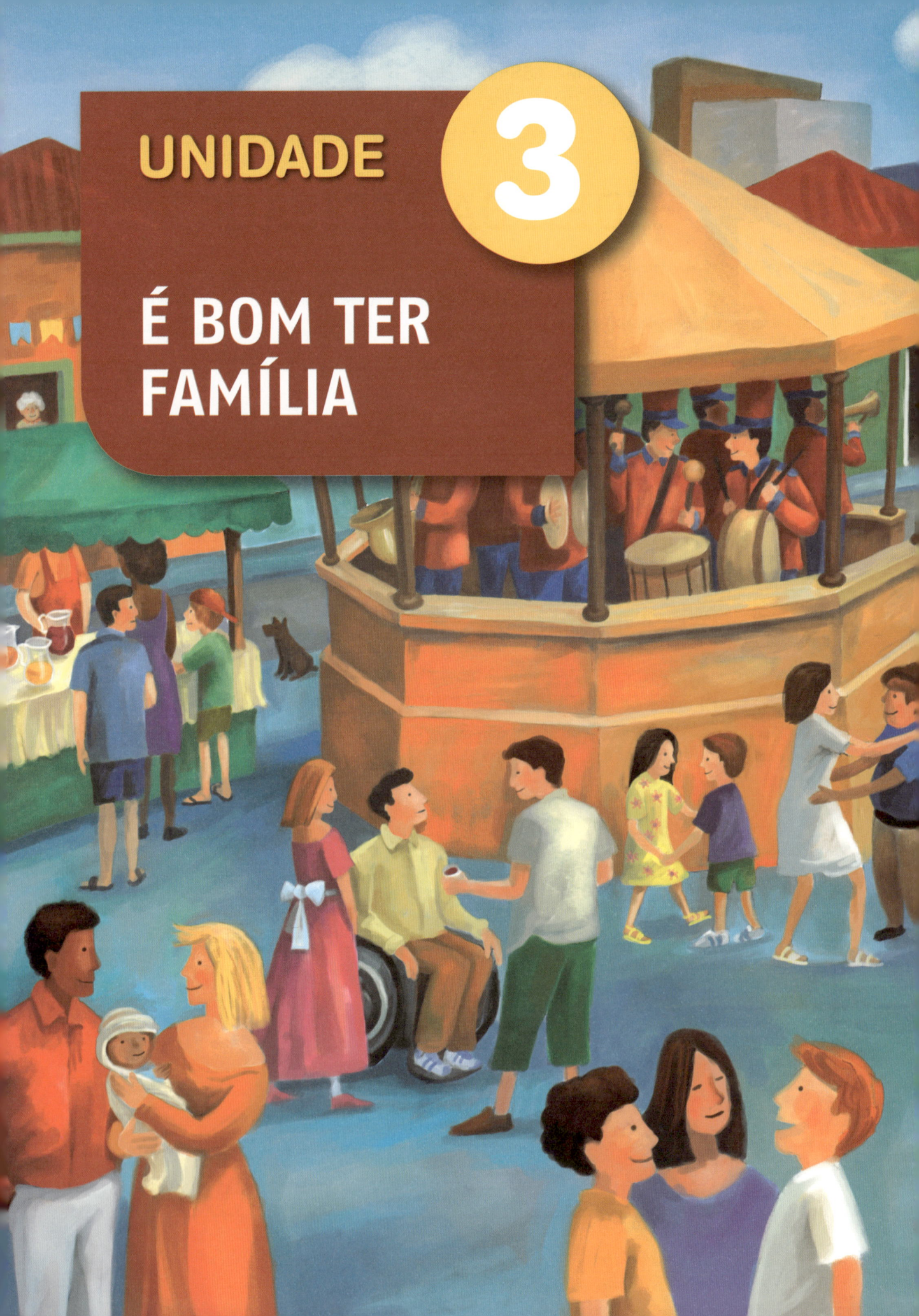

UNIDADE 3

É BOM TER FAMÍLIA

IMAGEM E CONTEXTO

1. O QUE ESTÁ SENDO COMEMORADO NA FESTA REPRESENTADA NA CENA?

_____

2. NA SUA OPINIÃO, A FESTA ACONTECE EM UMA CIDADE GRANDE OU PEQUENA? POR QUE VOCÊ ACHA ISSO?

_____

_____

3. NA SUA OPINIÃO, FESTAS SÃO BOAS OCASIÕES PARA SE REUNIR COM A FAMÍLIA E OS AMIGOS? POR QUÊ?

CAPÍTULO 1

VOCÊ NÃO VIVE SÓ

DIFERENTES GRUPOS DE PESSOAS PARTICIPAM DA VIDA DE UMA CRIANÇA: COLEGAS, VIZINHOS E PROFESSORES SÃO ALGUNS EXEMPLOS.

O GRUPO DE PESSOAS COM O QUAL AS CRIANÇAS GERALMENTE CONVIVEM DE FORMA MAIS PRÓXIMA É A FAMÍLIA. PAIS, IRMÃOS, FILHOS, AVÓS, TIOS E PRIMOS FAZEM PARTE DA FAMÍLIA.

AS CRIANÇAS SÃO PROTEGIDAS E CUIDADAS POR SEU GRUPO FAMILIAR. ALÉM DISSO, COM ELE APRENDEM ALGUMAS REGRAS E ADQUIREM MUITOS DOS HÁBITOS E COSTUMES QUE SERÃO LEVADOS POR TODA A VIDA.

1. NUMERE AS FIGURAS DE ACORDO COM AS FRASES.

[1] SOFIA MORA COM OS AVÓS E UM TIO.

[2] OS PAIS DE LINEU SÃO SEPARADOS; ELE VIVE COM A IRMÃ E O PAI.

[3] RICARDO E O IRMÃO MORAM COM SEUS PAIS.

2. LEIA AS PISTAS E COMPLETE A ÁRVORE GENEALÓGICA DA FAMÍLIA DE CAIO.

> **ÁRVORE GENEALÓGICA:** É UMA FORMA DE REPRESENTAR UMA FAMÍLIA INDICANDO A RELAÇÃO ENTRE OS PARENTES.

(Árvore genealógica com os nomes RENATO e CÉLIA preenchidos)

PISTAS:

RENATO ⇨ O PAI CHAMA-SE JOSÉ E A MÃE, LARA. TEM DOIS FILHOS: CAIO, O MAIS VELHO, E MARA, A CAÇULA.

CÉLIA ⇨ ESPOSA DO RENATO. É FILHA DE PEDRO E MIRIAM.

3. EXISTEM MUITOS TIPOS DE FAMÍLIA, CADA UMA COM HÁBITOS, JEITOS DE PENSAR E FORMAS DE VIVER DIFERENTES. CONVERSE COM OS COLEGAS SOBRE OS COSTUMES DE SUAS FAMÍLIAS. HÁ HÁBITOS QUE SÃO DE TODAS ELAS?

VIDA EM FAMÍLIA

AS FAMÍLIAS TÊM DIFERENTES MANEIRAS DE SE ORGANIZAR.

EM ALGUMAS DELAS, UM ADULTO TRABALHA FORA ENQUANTO OUTRO TRABALHA CUIDANDO DA MORADIA E DAS CRIANÇAS.

EM OUTRAS, TODOS OS ADULTOS TRABALHAM FORA E AS CRIANÇAS FICAM COM ALGUÉM CONTRATADO PARA CUIDAR DELAS.

É CADA VEZ MAIS COMUM QUE O CUIDADO COM A MORADIA SEJA DIVIDIDO ENTRE TODOS OS MEMBROS DE UMA FAMÍLIA.

1. LEIA A TIRINHA E RESPONDA.

TURMA DA MÔNICA/Mauricio de Sousa

[Tirinha: Cebolinha mostra à mãe uma placa "ABAIXO A POLUIÇÃO". A mãe diz: "MUITO BEM, CEBOLINHA! TODOS NÓS DEVEMOS LUTAR CONTRA A POLUIÇÃO! MAS PRIMEIRO LIMPE O SEU QUARTO, DEPOIS O MUNDO!"]

A) QUAL FOI A CAMPANHA QUE O CEBOLINHA LANÇOU?

_____

B) PINTE O QUADRINHO ONDE ESTÁ ESCRITO QUEM, NA SUA OPINIÃO, DEVE ARRUMAR O QUARTO DO CEBOLINHA.

| A MÃE | O CEBOLINHA | OUTRA PESSOA |

2. COMPLETE A FRASE COM AS PALAVRAS:

| FAMÍLIA | CRIANÇAS | COOPERAR | TRABALHOS |

AS _____ PODEM _____ PARA O BEM-ESTAR DA _____ REALIZANDO PEQUENOS _____ DOMÉSTICOS.

3. OBSERVE ESTAS CENAS.

A) QUEM NO LUGAR ONDE VOCÊ MORA COSTUMA REALIZAR CADA UMA DESSAS ATIVIDADES?

_____

B) QUAL DAS ATIVIDADES ILUSTRADAS VOCÊ ESCOLHERIA FAZER? POR QUÊ?

_____

4. ESCREVA AS TAREFAS QUE VOCÊ FAZ NO LUGAR ONDE MORA.

_____

_____

CAPÍTULO 2

FAMÍLIA SEMPRE

O JEITO DE VIVER E DE SE ORGANIZAR DAS FAMÍLIAS NEM SEMPRE FOI O MESMO.

HÁ CERCA DE CEM ANOS, NO BRASIL, NA MAIORIA DAS VEZES ERAM OS PAIS QUE ESCOLHIAM COM QUEM SEUS FILHOS DEVIAM CASAR.

AS MULHERES CASAVAM, EM MÉDIA, COM 15 OU 16 ANOS DE IDADE.

CENA DE UM CASAMENTO NO INTERIOR DE SÃO PAULO, EM 1933.

NAQUELE TEMPO AS FAMÍLIAS ERAM EM GERAL MUITO GRANDES. OS PAIS TINHAM MUITOS FILHOS E ERA COMUM QUE NA MESMA CASA MORASSEM AVÓS, FILHOS (CASADOS E SOLTEIROS) E NETOS.

LOURENÇO AVELINO DE ALMEIDA PRADO E FAMÍLIA, JAÚ, SÃO PAULO, 1918.

TODA FAMÍLIA TEM SUA HISTÓRIA. PODEMOS CONHECER SEU PASSADO BUSCANDO PISTAS QUE REVELEM INFORMAÇÕES SOBRE ELE. CHAMAMOS ESSAS PISTAS DE **FONTES HISTÓRICAS**.

FOTOGRAFIAS, ROUPAS, CARTAS E DOCUMENTOS PESSOAIS SÃO EXEMPLOS DE FONTES HISTÓRICAS. CONVERSAR COM AVÓS, BISAVÓS E TIOS TAMBÉM É UM JEITO DE CONHECER A HISTÓRIA DE UMA FAMÍLIA.

1. OBSERVE AS FOTOGRAFIAS E FAÇA AS ATIVIDADES PROPOSTAS.

A) NUMERE CADA FOTOGRAFIA DE ACORDO COM A LEGENDA.

[1] FAMÍLIA ANTIGA.

[2] FAMÍLIA ATUAL.

B) QUAIS CARACTERÍSTICAS DAS FAMÍLIAS VOCÊ USOU PARA RESPONDER À QUESTÃO ANTERIOR?

_____

_____

_____

_____

_____

2. ESCREVA O NÚMERO DE PESSOAS QUE MORAM NA SUA RESIDÊNCIA. [ ]

• SUA FAMÍLIA É GRANDE OU PEQUENA? POR QUE VOCÊ ACHA ISSO?

FAMÍLIAS DE OUTROS LUGARES

MÉXICO

ELES ERAM 3 IRMÃOS: PEPE, DIEGO E GUADALUPE.

VIVIAM NO CAMPO, NO INTERIOR DO MÉXICO, UM PAÍS QUENTE.

POR ISSO USAVAM UM GRANDE CHAPÉU CHAMADO SOMBREIRO, PARA FAZER SOMBRA E SE PROTEGER DO SOL FORTE.

SOMBREIRO MEXICANO.

E COMO ERA A VIDA DELES NO CAMPO?

ACORDAVAM BEM CEDINHO, JUNTO COM O SOL.

CADA UM DELES TINHA UMA TAREFA: PEPE IA BUSCAR O LEITE DA VACA. DIEGO IA DAR MILHO PARA AS GALINHAS, ENQUANTO GUADALUPE RECOLHIA OS OVOS COM CUIDADO.

DEPOIS DEITAVAM NA GRAMA E FICAVAM OLHANDO AS NUVENS, IMAGINANDO COM QUE SE PARECIAM.

À TARDE, IAM PARA A ESCOLA. CAMINHAVAM BASTANTE, OU PEGAVAM CARONA NO BURRINHO. (...)

QUANDO PEPE COMPLETOU 12 ANOS, TEVE DE IR MORAR COM UMA TIA NUMA CIDADE MAIOR, PORQUE ONDE MORAVAM A ESCOLA ERA SÓ PARA CRIANÇAS MENORES QUE ELE.

CRISTINA VON. *PEPE, DIEGO E GUADALUPE*. SÃO PAULO: CALLIS, 1997.

CHINA

NA CHINA, A MAIOR PARTE DAS FAMÍLIAS TEM APENAS UM FILHO. ISSO ACONTECE PORQUE NESSE PAÍS A POPULAÇÃO É MUITO NUMEROSA, E HÁ A PREOCUPAÇÃO DE QUE NÃO HAJA TERRA E COMIDA SUFICIENTES PARA TODOS, SE O NÚMERO DE HABITANTES AUMENTAR MUITO MAIS.

FAMÍLIA CHINESA, 2006.

1. NOS DOIS TEXTOS, HÁ ALGUM COSTUME PRESENTE NA SUA FAMÍLIA? QUAL?

_____

2. QUAL INFORMAÇÃO DOS TEXTOS VOCÊ ACHOU MAIS INTERESSANTE? POR QUÊ?

_____

_____

SUGESTÃO DE LEITURA

O MENINO E SEU AMIGO, DE ZIRALDO ALVES PINTO, MELHORAMENTOS.

REDE DE IDEIAS

ORGANIZAR

1. EM UMA FOLHA À PARTE, DESENHE UMA COMEMORAÇÃO EM QUE SUA FAMÍLIA COSTUMA REUNIR-SE.

- MOSTRE O SEU TRABALHO AOS COLEGAS. CONTE A ELES QUAL COMEMORAÇÃO VOCÊ DESENHOU, COMO ELA É FEITA E DÊ OUTRAS INFORMAÇÕES.

2. MARQUE NO TEXTO AS PALAVRAS QUE INDICAM ALGUMA RELAÇÃO DE PARENTESCO.

TUDO COMEÇOU NO DIA QUE VALENTIM NASCEU, QUANDO AS PRIMEIRAS VISITAS CHEGARAM À MATERNIDADE.

VOVÓ LUÍSA DISSE QUE ELE ERA A CARA DE SEU IRMÃO, O TIO BERTO.

TIA EDIVIGES JURAVA QUE ELE ERA A CARA, SEM TIRAR NEM PÔR, DA SUA FILHA LAURINHA.

E O PRIMO ANTÔNIO, ASSIM QUE ENTROU NO QUARTO, GRITOU:

– É A CARA DA PRIMA PÂMELA!

– O NOME DELE É VALENTIM – DISSERAM SUA MÃE E SEU PAI AO MESMO TEMPO.

GRACIELA MONTES. *VALENTIM É A CARA DE...* SÃO PAULO: EDIÇÕES SM, 2006. P. 6-10.

REFLETIR

3. LEIA O DITADO POPULAR.

> FILHO DE PEIXE PEIXINHO É.

Ilustrações: Camila de Godoy

A) EM QUE SITUAÇÃO ESSE DITADO PODE SER USADO?

_____

_____

B) AS PESSOAS DIZEM QUE VOCÊ É PARECIDO COM ALGUM PARENTE? COM QUEM? VOCÊ CONCORDA?

_____

_____

AMPLIAR

4. LEIA A FRASE.

> PRECISAMOS CONTRIBUIR PARA O BEM-ESTAR DA FAMÍLIA.

- VOCÊ CONCORDA COM ESSA AFIRMAÇÃO? POR QUÊ?

5. TRAGA PARA A ESCOLA UMA FOTOGRAFIA, OBJETO OU DOCUMENTO PESSOAL QUE AJUDE A RECONSTITUIR A HISTÓRIA DA SUA FAMÍLIA. APRESENTE AOS COLEGAS O QUE VOCÊ TROUXE.

UNIDADE 4

UM LUGAR PARA MORAR

IMAGEM E CONTEXTO

1. QUAIS DESTAS CASAS ESTÃO EM UMA CIDADE E QUAIS NÃO ESTÃO?

_____

_____

2. REÚNA-SE COM UM COLEGA E ESCOLHAM DUAS CASAS DA CENA. DEPOIS RESPONDAM:

A) QUAIS AS DIFERENÇAS ENTRE ELAS?

B) EM QUAL DELAS PARECE HAVER MELHORES CONDIÇÕES PARA MORAR? POR QUÊ?

CAPÍTULO 1

QUEM MORA AQUI?

TODAS AS PESSOAS PRECISAM DE UM LUGAR PARA MORAR, ONDE POSSAM DESCANSAR, ALIMENTAR-SE, PROTEGER-SE E CONVIVER COM FAMILIARES E AMIGOS.

É TAMBÉM EM SUAS MORADIAS QUE AS PESSOAS GUARDAM OBJETOS PESSOAIS, COMO ROUPAS, SAPATOS E DOCUMENTOS.

HÁ QUEM CONSTRUA SUA PRÓPRIA MORADIA E TAMBÉM QUEM COMPRE OU ALUGUE MORADIAS PRONTAS.

ALUGAR: PALAVRA RELACIONADA A *ALUGUEL* – PAGAMENTO FEITO EM PERÍODOS REGULARES PELO USO DE ALGO OU ALGUM LOCAL.

1. RECORTE DE JORNAIS OU REVISTAS UMA FOTOGRAFIA DE MORADIA QUE MAIS LEMBRA A SUA. MOSTRE-A AOS COLEGAS E DESCUBRA SE ALGUM DELES ESCOLHEU UMA PARECIDA COM A QUE VOCÊ RECORTOU.

2. OBSERVE AS FOTOGRAFIAS. QUE SEMELHANÇAS E DIFERENÇAS HÁ ENTRE ELAS?

VISTA DA LAGOA RODRIGO DO FREITAS, NA CIDADE DO RIO DE JANEIRO, NO INÍCIO DO SÉCULO XX.

VISTA DA LAGOA RODRIGO DE FREITAS, NA CIDADE DO RIO DE JANEIRO, EM 2004.

_____

_____

_____

3. LEIA.

> MUITAS PESSOAS NÃO TÊM CONDIÇÕES DE CONSTRUIR SUAS MORADIAS EM LOCAIS APROPRIADOS E COM MATERIAIS ADEQUADOS. POR ISSO CONSTROEM CASAS QUE PODEM REPRESENTAR UM RISCO AOS MORADORES.
>
> BARRACO SERVE DE MORADIA NA BEIRA DA RUA, EM SÃO PAULO, 2007.

• NA SUA OPINIÃO, POR QUE ESSA SITUAÇÃO EXISTE?

49

ONDE VOCÊ MORA?

Meu nome é Raquel, tenho 10 anos e moro numa pequena cidade do Paraná, muito tranquila, chamada Telêmaco Borba.

Quando eu nasci, minha família morava em um apartamento em Curitiba. Eu tinha 4 anos quando mudamos para essa cidade, porque meu pai veio trabalhar em uma fábrica de papel que existe na região.

Ao chegarmos aqui, fomos morar na casa de meus tios, uma casa antiga, toda de tijolinhos com grandes janelas na sala. Depois de dois anos, mudamos para uma casa térrea que meu pai alugou, onde vivemos até hoje. Há um ano meus pais reformaram a casa. Construíram um quarto, pois ganhei um irmãozinho!

TEXTO ELABORADO PELAS AUTORAS.

1. POR QUE A FAMÍLIA DE RAQUEL MUDOU-SE PARA TELÊMACO BORBA?

_____

_____

2. ESCREVA OUTRO MOTIVO QUE LEVA AS PESSOAS A SE MUDAREM DE CIDADE.

_____

_____

3. RECORTE DE JORNAIS OU REVISTAS FOTOGRAFIAS DE MORADIAS QUE LEMBREM CADA ETAPA DA VIDA DE RAQUEL. COLE-AS NAS MOLDURAS DE ACORDO COM AS LEGENDAS.

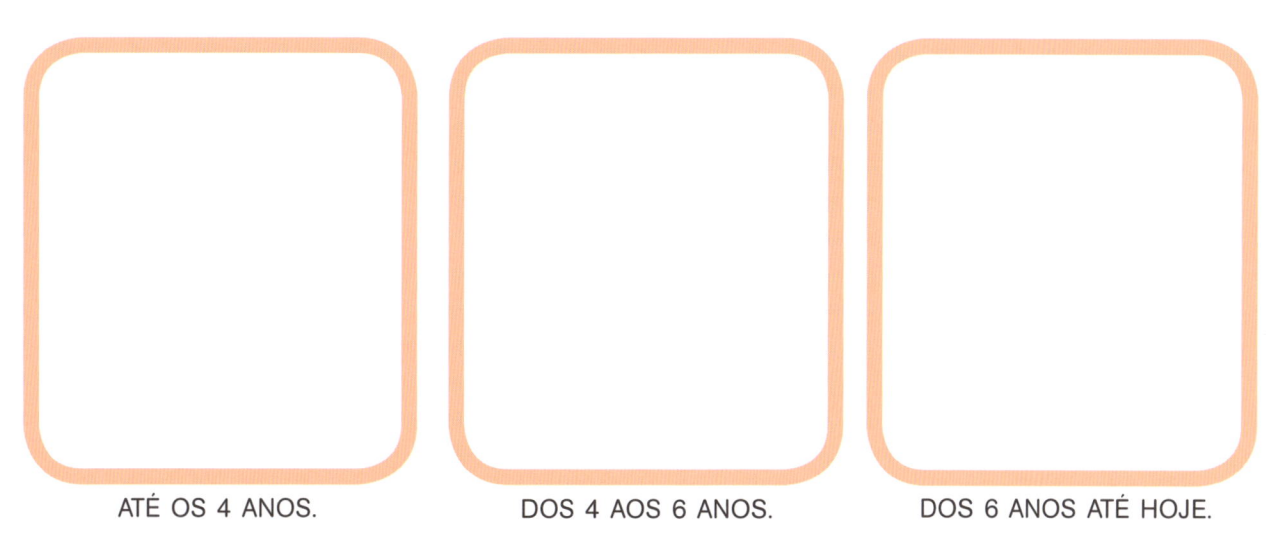

ATÉ OS 4 ANOS.	DOS 4 AOS 6 ANOS.	DOS 6 ANOS ATÉ HOJE.

4. CONVERSE COM UM ADULTO E RESPONDA: A CIDADE EM QUE VOCÊ MORA É A MESMA EM QUE NASCEU? SE NÃO FOR, ESCREVA O NOME DA SUA CIDADE NATAL.

_____

5. VOCÊ JÁ TEVE VONTADE DE MUDAR DE CIDADE? POR QUÊ? CONTE AOS COLEGAS E AO PROFESSOR.

6. REÚNA-SE COM COLEGAS E ESCREVAM EM UMA FOLHA À PARTE UM TEXTO SOBRE A IMAGEM. DEPOIS LEIAM O TEXTO PARA OS OUTROS COLEGAS.

CAPÍTULO 2

ERA UMA VEZ UMA CASA

OS PRIMEIROS GRUPOS HUMANOS ERAM NÔMADES, OU SEJA, NÃO TINHAM MORADIA FIXA. PARA SE PROTEGEREM, INSTALAVAM-SE EM LOCAIS COMO CAVERNAS, COPAS DE ÁRVORES OU TENDAS FEITAS DE GALHOS E COBERTAS DE FOLHAS OU DE PELE DE ANIMAIS.

AS PESSOAS VIVIAM DA CAÇA, DA PESCA E DA COLETA DE FRUTOS E RAÍZES. QUANDO ACABAVAM ESSES ALIMENTOS NOS LOCAIS ONDE MORAVAM, TINHAM DE SE MUDAR PARA OUTRO LUGAR.

QUANDO OS SERES HUMANOS APRENDERAM A CULTIVAR A TERRA E A CRIAR ANIMAIS, DEIXARAM DE DEPENDER EXCLUSIVAMENTE DOS ALIMENTOS QUE JÁ ESTAVAM DISPONÍVEIS NA NATUREZA. ASSIM, TORNOU-SE POSSÍVEL PERMANECER EM UM MESMO LOCAL POR MUITO TEMPO. ISSO TAMBÉM ERA NECESSÁRIO PARA QUE PUDESSEM CUIDAR DE SUAS PLANTAÇÕES E DE SEUS ANIMAIS.

NESSES LOCAIS, ENTÃO, AS PESSOAS PASSARAM A CONSTRUIR MORADIAS MAIS SEGURAS E SÓLIDAS, FEITAS DE PEDRA, BARRO E OUTROS MATERIAIS.

1. ESCREVA NO QUADRO UMA INFORMAÇÃO PARA CADA ITEM SOLICITADO.

	ALIMENTAÇÃO	MORADIA
GRUPOS NÔMADES		
GRUPOS COM MORADIA FIXA		

CASAS PELO MUNDO

ALGUMAS PESSOAS FAZEM SUAS CASAS USANDO MATERIAIS QUE EXISTEM EM GRANDE QUANTIDADE NA REGIÃO ONDE VIVEM.

1 CASA DE MADEIRA EM BELTERRA, PARÁ, 2005.

2 CASA DE PEDRA EM SÃO TOMÉ DAS LETRAS, MINAS GERAIS, 2007.

3 CASA FEITA DE BARRO E PAUS EM MORRINHOS, CEARÁ, 2006.

4 CASA DE TIJOLOS EM RIO DOS CEDROS, SANTA CATARINA, 2007.

1. SE VOCÊ TIVESSE DE ESCOLHER UMA DAS MORADIAS DAS FOTOGRAFIAS PARA MORAR, QUAL ESCOLHERIA? POR QUÊ?

2. ESCREVA NOS QUADRINHOS O NÚMERO DA FOTOGRAFIA CORRESPONDENTE AO MATERIAL ESCRITO.

☐ MADEIRA   ☐ BARRO

☐ TIJOLO   ☐ PEDRA

AS CONDIÇÕES DO AMBIENTE E DO CLIMA TAMBÉM INTERFEREM NA CONSTRUÇÃO DAS MORADIAS.

CABANA NO PARQUE NACIONAL KLUANE, CANADÁ. NO CANADÁ GRANDE PARTE DAS CASAS É FEITA DE MADEIRA, MATERIAL APROPRIADO PARA LUGARES FRIOS E ENCONTRADO NAS FLORESTAS DO PAÍS.

3. DIZEM QUE GRANDES CIDADES, COMO BELO HORIZONTE (EM MINAS GERAIS), **CRESCEM PARA CIMA**. O QUE SIGNIFICA A EXPRESSÃO DESTACADA?

VISTA DE BELO HORIZONTE, CAPITAL DE MINAS GERAIS, 2005.

SUGESTÃO DE LEITURA

UM PORCO VEM MORAR AQUI!, DE CLAUDIA FRIES, BRINQUE-BOOK.

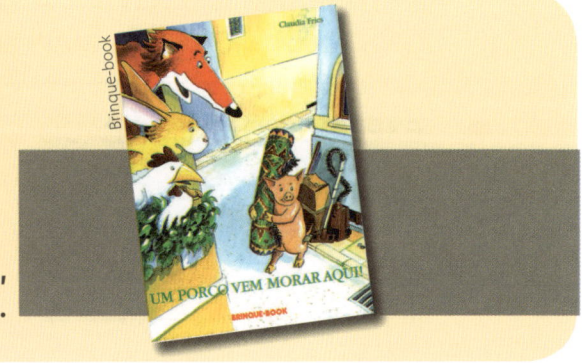

55

REDE DE IDEIAS

ORGANIZAR

1. PESQUISE A HISTÓRIA DA SUA CASA. PARA ISSO, PEÇA A AJUDA DE UMA PESSOA MAIS VELHA QUE MORE COM VOCÊ E RESPONDA.

A) HÁ QUANTO TEMPO SUA FAMÍLIA MORA NESSA CASA? _____

B) SUA CASA JÁ PERTENCEU A OUTRA FAMÍLIA? SE SIM, QUEM ERAM ESSAS PESSOAS?
_____

C) SUA CASA FOI REFORMADA DEPOIS QUE VOCÊ PASSOU A MORAR NELA? O QUE MUDOU?
_____

D) COM QUE TIPO DE MATERIAL A SUA CASA FOI CONSTRUÍDA?
_____

2. NO BRASIL, ESPECIALMENTE NAS GRANDES CIDADES, HÁ MUITAS PESSOAS QUE SOFREM COM A FALTA DE MORADIA. QUAIS SÃO AS SOLUÇÕES ENCONTRADAS POR ESSAS PESSOAS?

3. LEIA ESTE TEXTO.

> OS PRIMEIROS SERES HUMANOS ERAM **NÔMADES**. QUANDO ELES APRENDERAM A **CULTIVAR A TERRA** E A CRIAR ANIMAIS, PASSARAM A CONSTRUIR MORADIAS MAIS SEGURAS E PERMANENTES.

- EXPLIQUE O SIGNIFICADO DAS PALAVRAS DESTACADAS NO TEXTO.
_____
_____

REFLETIR

4. LEIA O TEXTO E OBSERVE AS IMAGENS.

> ATUALMENTE, EM GRANDE PARTE DAS MORADIAS, VOCÊ APERTA UM BOTÃO E A LUZ SE ACENDE, ABRE A TORNEIRA OU O CHUVEIRO E A ÁGUA SAI. MAS NEM SEMPRE FOI ASSIM!

PRIMEIRAS OCUPAÇÕES DA MANHÃ, AQUARELA DE JEAN-BAPTISTE DEBRET, 1826.

CHAFARIZ DAS MARRECAS, AQUARELA DE ARMAND JULIEN PALLIÈRE, SÉCULO XIX.

- RELACIONE CADA IMAGEM COM UMA DAS DESCRIÇÕES.

A) DURANTE MUITO TEMPO NAS CIDADES BRASILEIRAS EXISTIU A FIGURA DO AGUADEIRO, VENDEDOR DE ÁGUA, E TAMBÉM A TAREFA DE BUSCAR ÁGUA NAS BICAS E NOS CHAFARIZES, QUE ERA FEITA PELOS ESCRAVOS.

B) HÁ QUASE DUZENTOS ANOS AS RUAS ERAM ILUMINADAS POR LAMPIÕES.

AMPLIAR

5. NOS CENTROS DE GRANDES CIDADES, É CADA VEZ MAIOR O NÚMERO DE PRÉDIOS DE APARTAMENTOS. NA SUA OPINIÃO, POR QUE ISSO OCORRE?

CONVIVÊNCIA

MUDANÇA NA PAISAGEM

EU ME LEMBRO DA CASA DA USINA JUNQUEIRA. ELA TINHA UM ALPENDREZINHO. ESSA CASA EXISTE ATÉ HOJE, ELA NÃO FOI DERRUBADA. MUITAS CASAS FORAM DERRUBADAS, ESSA AINDA EXISTE LÁ. ELA TINHA UMA SALA, DOIS QUARTOS, UMA COZINHA, UMA DESPENSA, QUINTAL E A PRIVADA, QUE ERA NO FUNDO DA CASA, JUNTO COM A LAVANDERIA. NÓS TÍNHAMOS ÁGUA ENCANADA. NÃO ERA FORRADA. NOS QUARTOS E NA SALA, SÓ TINHA PAREDE ATÉ NA ALTURA DO TELHADO. NÃO ERA FECHADO ATÉ EM CIMA. ERA TUDO ABERTO.

DEPOIMENTO DE ATHAYDE BARATA DIAS.
DISPONÍVEL EM: <WWW.MUSEUDAPESSOA.NET>. ACESSO EM: ABRIL DE 2007.

ALPENDRE: ESPAÇO COBERTO E ABERTO, NA FACHADA DE UMA CASA, QUE DÁ ACESSO AO INTERIOR DELA.

1 LEIA E RESPONDA.

NO DEPOIMENTO, ATHAYDE DIZ: "ESSA CASA EXISTE ATÉ HOJE, ELA NÃO FOI DERRUBADA. MUITAS CASAS FORAM DERRUBADAS, ESSA AINDA EXISTE LÁ".

A) NA SUA OPINIÃO, POR QUE AS PESSOAS DERRUBAM AS CASAS?

B) VOCÊ CONHECE ALGUM LUGAR ONDE AS CASAS ANTIGAS TENHAM SIDO DERRUBADAS? CONTE AOS COLEGAS O QUE VOCÊ SABE SOBRE ISSO.

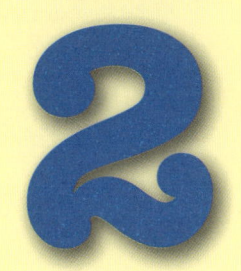

2 CASAS SÃO PATRIMÔNIOS

OBSERVE AS CONSTRUÇÕES DA FOTOGRAFIA E RESPONDA.

O PAÇO IMPERIAL E O EDIFÍCIO CÂNDIDO MENDES, NA CIDADE DO RIO DE JANEIRO.

A) NA SUA OPINIÃO, ELAS FORAM FEITAS NO MESMO PERÍODO? EM QUE ASPECTOS VOCÊ SE BASEOU PARA DAR A SUA RESPOSTA?

B) VOCÊ CONSIDERA IMPORTANTE PRESERVAR AS CONSTRUÇÕES ANTIGAS? POR QUÊ?

_____
_____

3

HÁ ALGUMA CONSTRUÇÃO ANTIGA NA CIDADE ONDE VOCÊ MORA QUE CHAME A SUA ATENÇÃO? CONVERSE COM OS COLEGAS E O PROFESSOR.

4

COMO UMA CIDADE PODE SE DESENVOLVER E, AO MESMO TEMPO, PRESERVAR A SUA HISTÓRIA?

_____
_____

59

UNIDADE 5

Que fome!

Uma família inglesa almoçando.

Uma família de coreanos jantando.

Família norte-americana fazendo refeição na cozinha.

3

4

Família árabe muçulmana orando antes do jantar.

IMAGEM E CONTEXTO

1. Observe as cenas. Escreva no quadrinho o número daquela que melhor representa uma refeição em sua casa. ☐

- Conte para os colegas a sua resposta e explique por que você escolheu essa cena.

2. Escolha uma criança das cenas. Escreva o que você imagina que ela está pensando.

_____

- Leia para os colegas o que você escreveu a fim de que eles adivinhem a criança que você escolheu.

CAPÍTULO 1

De dar água na boca

A culinária baiana é bastante popular no Brasil. Ela é um exemplo da preservação das influências culturais, em especial a africana. Um dos pratos mais apreciados dessa culinária é o vatapá. Veja a explicação sobre o **vatapá baiano**.

Prato da cozinha baiana feito com farinha de mandioca, fubá ou pão, azeite-de-dendê, leite de coco, amendoim, pimenta, peixe e camarão.

Vatapá baiano.

1. Você já experimentou o vatapá baiano ou outro prato típico da Bahia? Qual?

_____

2. Qual é o prato típico da região onde você mora? Converse com os colegas e o professor.

_____

3. Leia o texto, observe a fotografia e responda à questão.

> A carne salgada e seca é consumida de norte a sul no Brasil. Em cada região, é preparada de uma forma diferente. Por isso seu nome varia: carne-de-sol, carne-do-ceará, carne-de-vento, carne-seca, carne-do-sertão, jabá, charque, por exemplo.

Carne salgada e seca.

- Como se chama esse tipo de carne na região onde você mora?

_____

_____

4. Leia o texto e depois faça o que é pedido.

> Existem povos que comem alimentos bem diferentes daqueles a que outros estão acostumados. Por exemplo: na Tailândia, come-se carne de cachorro; no Japão, carne de baleia; e, no Brasil, feijoada e brigadeiros.
> Os alimentos fazem parte da tradição de cada povo.

Brigadeiros.

- Pesquise e escreva o nome de um alimento que você considera diferente, o modo como é preparado e qual povo costuma consumi-lo.

_____

_____

Como você se alimenta?

As verduras, a carne, o arroz e o feijão são exemplos de **alimentos *in natura***, isto é, são consumidos como foram retirados da natureza. Alguns podem ser cozidos, assados ou fritos, outros são comidos crus.

Em nossa alimentação também há **alimentos industrializados**. São aqueles produzidos em indústrias ou fábricas. Eles são feitos a partir de alimentos provenientes da natureza (como batatas, frutas, ovos), mas passam por transformações. Em geral são adicionados produtos para conservá-los ou realçar o sabor e a cor.

1. Observe cada imagem e identifique-a como alimento *in natura* ou **industrializado**.

2. Faça as perguntas a uma pessoa idosa.

a) Quando você era jovem, existiam tantos alimentos industrializados como atualmente?

_____

b) Diga alguns nomes de alimentos que antigamente eram feitos só em casa e nos dias de hoje são industrializados.

_____

_____

c) Para onde os jovens iam quando queriam comer com os amigos?

_____

_____

3. Leia o texto e faça o que é pedido.

> Ao longo da História, diversos alimentos que não existiam no Brasil foram trazidos para o país e passaram a ser cultivados, como arroz, cana-de-açúcar, laranja, trigo e banana.
> Alimentos cultivados no Brasil também foram para outros países. Exemplos: abóbora, batata-doce, mandioca, cacau e mamão.

a) Pesquise e descubra quais alimentos são cultivados na região em que você mora.

_____

b) Pesquise e descubra um alimento que é consumido na região onde você mora, mas é cultivado ou industrializado em outra região.

_____

CAPÍTULO 2

Alimentando-se ao longo do tempo

Você já sabe que os primeiros grupos humanos eram nômades e viviam da caça de animais, da pesca e da coleta de frutos e raízes. Pelo tipo de atividade realizada, chamamos esses grupos de **caçadores-coletores**.

As tarefas eram divididas: em geral, as mulheres e as crianças coletavam frutos, raízes, grãos e mel, e os homens pescavam e caçavam. Os alimentos que conseguiam eram divididos por todos.

Pouco a pouco, observando as plantas germinando na natureza, os seres humanos aprenderam a plantar. Assim, passaram a cultivar, a colher e a armazenar seus alimentos. Também aprenderam a domesticar alguns animais. Com isso, tornaram-se **produtores** de seus alimentos.

1. Na sua opinião, quando os seres humanos aprenderam a cultivar seus alimentos, eles passaram a ter mais ou menos opções de alimentação? Por quê?

2. Leia, converse com os colegas e o professor e responda à pergunta.

> Muito antes de aprender a cultivar seus alimentos, os seres humanos já tinham feito uma importante descoberta para sua alimentação: como produzir **fogo**.
>
> O controle do fogo melhorou as condições de alimentação das pessoas, porque permitiu que muitos alimentos passassem a ser cozidos e assados (demorando mais tempo para se estragarem).

- Que outras vantagens o controle do fogo pode ter trazido para os seres humanos?

3. Procure no caça-palavras o que falta para completar as frases.

a) O controle do ● foi importante para melhorar a alimentação dos seres humanos.

b) Quando aprenderam a plantar seus alimentos, os seres humanos tornaram-se ● de seus alimentos.

X	B	F	G	O	T	M	L	A	N	Y	K
T	N	K	J	I	P	L	D	S	E	H	U
C	X	Z	M	F	O	G	O	N	Y	K	E
L	A	N	Y	K	E	W	X	B	F	G	O
M	K	L	P	I	X	B	F	G	O	T	H
W	P	R	O	D	U	T	O	R	E	S	J
F	H	T	C	D	N	E	R	K	L	T	O
I	M	L	P	K	T	N	Z	D	N	B	G
T	N	W	D	U	T	X	I	G	O	Q	K
B	F	H	T	O	X	I	Z	P	L	D	S

67

A **alimentação** em outros tempos e lugares

Dois povos diferentes, de épocas diferentes e com alimentações diferentes... Conheça um pouco sobre eles!

É 1450. Sancho está aprendendo as artes da guerra. Já sabe selar um cavalo, montar, empunhar a espada, atirar dardos e usar a lança. Mora com seu tio, dom Pedro, um guerreiro valente. (...)

Durante as refeições, dom Pedro gosta de se divertir com seus convidados. Sancho deve trinchar a carne, servir comida e vinho ao tio e sempre mostrar boas maneiras. (...)

Sancho usa facas de lâmina larga para servir a comida. (...)

Chris e Melanie Rice. *As crianças na História – Modos de vida em diferentes épocas e lugares*. São Paulo: Ática, 1998. p. 22-23.

As mulheres cuidam das crianças, do preparo da comida, da tecelagem de redes e pulseiras, da colheita de alimentos na roça – basicamente milho e mandioca – e da pesca de pequenos peixes em lagoas. (...)

Já os homens fazem a grande pescaria e são responsáveis pelo provimento de lenha, derrubada e queimada das roças, busca de cogumelos, mel, frutas, cipó, entre outras atividades. Os Enawenê-Nawê não se alimentam de caça. Peixe, mandioca, beiju e bebidas fermentadas são os principais itens de sua dieta.

Disponível em: <www.funai.gov.br/ultimas/noticias/2_semestre_2005/Setembro/un0915_004.htm>. Acesso em: agosto de 2007.

1. Identifique com **A** o local narrado no primeiro texto e com **B**, o narrado no segundo.

> Tribo indígena Enawenê-Nawê, localizada no estado de Mato Grosso. ☐

> Castelo na Espanha, habitado há centenas de anos. ☐

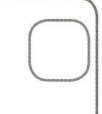

2. Escreva **1** nas imagens que representam o primeiro texto e **2** nas que estão de acordo com o segundo.

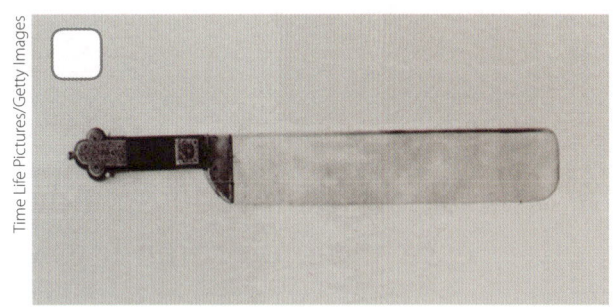

SUGESTÃO DE LEITURA

Camilão, o comilão, de Ana Maria Machado, Salamandra.

Rede de Ideias

ORGANIZAR

1. Observe as imagens.

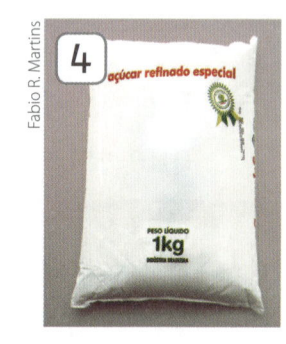

a) Escreva para cada uma delas o nome de um prato que leve esse alimento como ingrediente.

_____

_____

b) Qual desses alimentos foi industrializado?

_____

2. As figuras representam o uso do fogo ao longo do tempo. Identifique com 1, 2 e 3 da mais antiga até a mais atual.

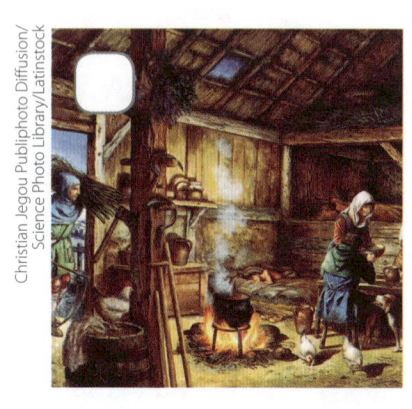

REFLETIR

3. Marque com um **X** a imagem mais antiga.

Um jantar brasileiro, de Jean-Baptiste Debret, 1827.

Conversa bem-temperada, óleo sobre tela de Colin Bootman, 1998.

- Conte para os colegas e o professor como você descobriu.

AMPLIAR

4. Muitos brasileiros não têm a quantidade de comida necessária para uma alimentação saudável. Converse com os colegas e o professor sobre a importância das campanhas contra a fome.

UNIDADE 6

Lugares de aprender

1

Escola rural de uma agrovila no estado do Paraná.

Crianças em roda de conversa ao ar livre, em uma escola rural, no Pará.

Escola Rural Estadual Nilce de Guimarães, em Diamantino, no estado de Mato Grosso.

IMAGEM E CONTEXTO

1. Observe as crianças da cena 1. Escreva o que elas estão fazendo.

_____

2. Escreva uma semelhança e uma diferença entre a sua escola e a escola que aparece na cena 2.

_____

_____

3. Você acha que todas as crianças do Brasil vão à escola? Por quê?

CAPÍTULO 1

Conviver e aprender

Escolas de circo, de natação, de dança... O que será que elas têm em comum com a escola que você frequenta diariamente?

Crianças na Escola de Circo Picadeiro, São Paulo.

Crianças em aula de natação, São Paulo.

Crianças na escola do Balé Bolshoi, Joinville, Santa Catarina.

Sala de aula de ensino fundamental.

As escolas são lugares para ensinar, aprender e viver em grupo. Todas têm alunos, professores e outros funcionários. Nelas também há regras para que todos possam conviver bem.

Em cada dia que a criança vai à escola, algo novo acontece com ela: faz uma descoberta, participa de uma nova brincadeira, conhece alguém diferente ou lê um livro interessante, por exemplo.

Algumas regras são necessárias para o bom convívio em qualquer escola. Respeitá-las é uma forma de garantir o direito de todos que a frequentam.

1. Você frequenta alguma outra escola? O que faz nela? Converse com os colegas e professor.

2. Ligue cada regra à escola a que se refere.

Não é permitido jogar lixo na sala de aula.

Lembre-se! Não é permitido entrar na piscina sem a touca!

Para fazer a aula, é preciso usar chuteiras!

Ilustrações: Patricia Lima

75

Escolas de outros tempos

Dona Laurinda Ramalho de Almeida nasceu em 1940, em Avaré, interior do estado de São Paulo. Foi nessa cidade que começou a frequentar a escola, embora já soubesse ler e escrever.

Leia o depoimento de dona Laurinda sobre a escola onde estudava e alguns materiais que ela costumava usar.

> Nós escrevíamos nos nossos cadernos os nossos trabalhos. A gente tinha um caderno de lição, tínhamos carteiras, sentávamos duas a duas nas carteiras. As classes não eram mistas. No segundo ano acontecia também uma coisa muito interessante, a gente começava a usar caneta-tinteiro. Isto é, a gente ganhava uma pena para colocar na caneta e todas as carteiras tinham no cantinho um orifício, uma espécie de um copinho com a tinta e então nós começávamos a aprender a escrever a tinta.
>
> Disponível em:
> <www.crmariocovas.sp.gov.br/pdf/laurinda_ramalho_de_almeida.pdf.>
> Acesso em: maio de 2007.

A carteira da escola no tempo da dona Laurinha.

1. Pergunte a um adulto como era a escola em seu tempo de criança. Escreva e leia a resposta para os colegas.

_____
_____
_____
_____
_____

2. Há algum material citado no depoimento da dona Laurinda que você também usa na escola? Qual?

_____

3. Converse com os colegas e o professor sobre a frase do quadro. Depois, escreva o que ela significa.

> "As classes não eram mistas."

_____

_____

4. Pesquise em jornais, revistas e folhetos objetos semelhantes aos mostrados nas fotografias e que sejam usados atualmente. Cole cada um ao lado da fotografia correspondente.

Caneta de pena e tinteiro.

Lápis com alongador.

Mala de couro.

77

CAPÍTULO 2

Jeitos de aprender

As crianças de algumas aldeias indígenas do Brasil não vão à escola. Elas aprendem aquilo de que precisam com os adultos: fazendo a colheita, colaborando no preparo de alguns alimentos, participando das atividades e das cerimônias religiosas. Também aprendem ouvindo os mitos de seu povo.

Mito: história tradicional que busca explicar os fenômenos da natureza ou os comportamentos humanos.

Meninos kamayurás, do Alto Xingu, em processo de aprendizagem, imitam um ritual realizado pelos homens.

Em algumas aldeias indígenas há escolas. Nelas, além das aulas de Língua Portuguesa, as crianças têm aulas sobre o trabalho, os costumes, os hábitos, a música, a língua e as tradições do grupo indígena de que fazem parte.

1. Você gostaria de participar de alguma das aulas citadas no texto? Qual? Converse com os colegas e o professor.

2. Circule no texto o que as crianças indígenas aprendem na escola delas que é diferente do que você aprende na sua.

3. Observe a fotografia de uma escola indígena timbira e a de uma escola dos quilombolas.

Escola dos Xavante, na aldeia Pimentel Barbosa, no estado de Mato Grosso. Ancião passa o conhecimento tradicional para as novas gerações, 2005.

Escola quilombola da Comunidade Fortaleza, em Acará, Pará.

- Escreva uma semelhança e uma diferença que você pode observar entre as duas escolas.

Semelhança	Diferença

4. Em que aspectos o modo de viver indígena é diferente do seu e do lugar onde você vive?

79

Cada escola no seu tempo

O Brasil é um país grande, com pessoas que vivem de jeitos diferentes. Por isso as escolas não são organizadas da mesma forma em todos os lugares.

1. Leia as informações sobre escolas em uma região do Brasil.

> A repórter Priscila Ramalho escreveu sobre as escolas que ficam na beira dos rios.
>
> "Já nas 280 (escolas) ribeirinhas, as crianças comparecem de agosto a março, sem interrupção, e têm férias de abril a julho, quando chove muito e tudo fica alagado (...)."
>
> Disponível em:
> <http://revistaescola.abril.com.br/edicoes/0136/aberto/mt_248052.shtml>.
> Acesso em: maio de 2007.

Escola da Reserva de Desenvolvimento Sustentável Mamirauá, escola ribeirinha de Tefé, estado do Amazonas (2008).

a) Escreva os meses de férias na escola onde você estuda.

_____

b) Quem tem um período mais longo de férias: os alunos das escolas ribeirinhas ou os alunos da sua escola?

_____

2. Veja como funciona a escola rural Família Agrícola de Nestor Gomes, localizada no Espírito Santo.

> "As crianças de duas turmas passam uma semana estudando em regime de internato e ficam em casa durante a semana seguinte, quando as outras duas turmas têm aula."
>
> Disponível em: <http://novaescola.abril.com.br/index.htm?especiais/caminhos_do_brasil/2000/mapa>. Acesso em: maio de 2007.

Sede da Escola Família Agrícola de Jaboticaba, município da Bahia, que funciona em regime de internato.

- Converse com os colegas e o professor sobre o regime de internato. Escreva como funciona esse sistema.

_____

_____

_____

SUGESTÃO DE LEITURA

Vitória da preguiça, de Helen Lester, Ática.

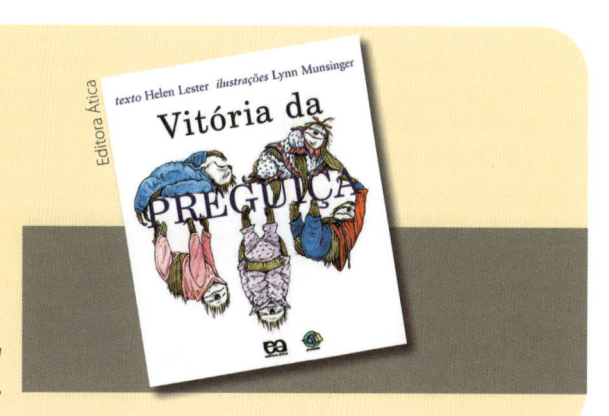

REDE DE IDÉIAS

ORGANIZAR

1. Numere as imagens de acordo com a legenda.

[1] Mais antiga   [2] Antiga   [3] Atual

2. Escreva uma frase sobre a ilustração da escola mais antiga.

_____
_____

3. Há alguma semelhança entre a ilustração da escola antiga e a sua? Qual?

_____
_____
_____

REFLETIR

4. Há cerca de cem anos, meninos e meninas costumavam ter atividades diferentes na escola. Era comum que as meninas fossem preparadas somente para os serviços domésticos.

Aula de trabalhos manuais, na Escola Técnica Rivadavia, Rio de Janeiro, 1922.

a) Na escola em que você estuda há alguma atividade diferente para meninos e meninas? Qual?

_____

b) Meninos e meninas fazem algum esporte juntos? Qual?

_____

AMPLIAR

5. Reúna-se com dois colegas. Escolham um material escolar e pesquisem sobre a história dele. Vejam duas sugestões.

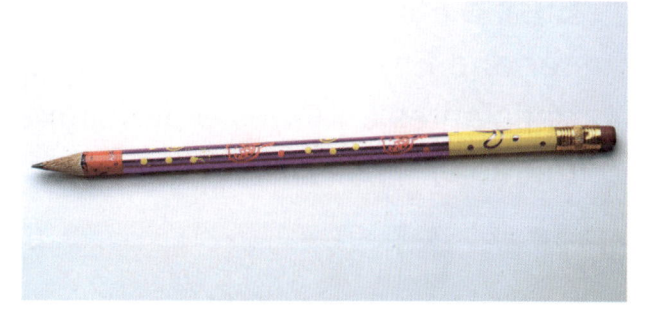

- Escrevam o texto da pesquisa em uma folha à parte. Por fim, leiam o trabalho de vocês para os colegas.

83

Convivência

Toda escola tem sua história

O Grupo Escolar Dr. Rangel Pestana, do município de Amparo, estado de São Paulo, foi inaugurado em junho de 1903 em prédio alugado pelo governo e adaptado ao fim educacional.

A princípio contava com 8 professores, mas logo outros 2 juntaram-se ao grupo. Em 1908 tinha 386 alunos matriculados.

Em junho de 1915 foi inaugurado seu edifício próprio, onde funciona até hoje.

Atualmente, a escola oferece Ensino Fundamental (1.ª a 9.ª série) e Ensino Especial (para deficientes auditivos e deficientes mentais).

Edifício que abrigou o Grupo Escolar Dr. Rangel Pestana, de Amparo, estado de São Paulo, até 1914.

São Paulo (Estado). Directoria Geral da Instrucção Publica. *Annuario do Ensino do Estado de São Paulo*. São Paulo: Typ. Siqueira, 1915.

Assim começa a história dessa escola da cidade de Amparo, no interior do estado de São Paulo.

Para escrevê-la, o autor do texto consultou documentos e fotografias e conversou com pessoas da região que podiam ajudá-lo.

As escolas já tiveram tipos diferentes de organização.

Havia o curso primário, o ginasial e o colegial. Depois, elas foram organizadas em primeiro e segundo grau. Hoje os nomes dos cursos estão mudados e a duração do Ensino Fundamental também foi modificada.

1 A história da minha escola

Que tal conhecer a história da escola em que vocês estudam?

- Reúnam-se em grupos com a orientação do professor.
- Procurem as informações que são pedidas na tabela.
- Preencham a tabela com os dados que vocês colheram.

	Na época da fundação	Hoje
Nome da escola		
Nome do diretor		
Cursos existentes		

2

Agora que você conhece um pouco da história da sua escola, responda: há algo que você não entendia sobre o funcionamento dela e passou a entender? O quê?

85

UNIDADE 7

É hora de diversão!

Futebol, óleo sobre tela de Cândido Portinari, de 1935.

IMAGEM E CONTEXTO

1. Observe a pintura, leia a legenda e responda.

   a) Esta obra foi feita recentemente?

   _____

   b) As crianças costumam participar desse tipo de brincadeira atualmente? Onde?

   _____

   c) Que outros tipos de brincadeira com bola você conhece?

   _____

2. Converse com os colegas e o professor sobre estas questões.

   a) Para brincar você sempre precisa de brinquedos?

   b) Você prefere brincar ao ar livre ou dentro de casa?

CAPÍTULO 1

Hora de brincar

Cante a música com o professor e os colegas. Ela foi escrita por Rubinho do Vale (cantor e compositor mineiro do Vale do Jequitinhonha).

Canção das brincadeiras II

Quem quer brincar de roda,
Jogar peteca ou dançar quadrilha,
Brincar de pique, pega-pega, esconde-esconde, (bis)
Amarelinha é uma maravilha.
Agora me diga quem foi que bolou (bis)
O diabolô, bilboquê e ioiô.
Tem cobra-cega e gata-pintada, (bis)
Forninho de bolo, futebol e queimada.
Quem quer brincar de esconder, (bis)
de rebolar com o bambolê.
Eu vou tirar na sorte o capitão, (bis)
Depois vou pular corda e jogar pião.
Bolinha de gude é tão bom de jogar, (bis)
Tá quente tá frio, ninguém vai achar.
Guarda meu anelinho bem guardadinho, (bis)
Chicotinho queimado não vai bater "ni mim".

Rubinho do Vale. CD *A alma do povo*, 1998.

1. Circule os brinquedos e as brincadeiras citados na música.

2. Qual dos brinquedos ou brincadeiras da canção você acha mais divertido?

3. "Eu vou tirar na sorte o capitão." Escreva o que significa essa frase da música.

_____

4. Escolha uma brincadeira bem conhecida na região onde você vive e escreva na ficha as informações sobre ela.

- Nome da brincadeira: _____
- Local onde se brinca: _____
- Número de participantes: _____
- Material necessário: _____
_____
- Como é a brincadeira: _____
_____
_____

5. Junte-se aos colegas para escolherem algumas brincadeiras e se divertirem na hora do recreio.

Ilustrações: Camila de Godoy

89

Brincando como os indígenas

Leia o que Daniel Munduruku conta sobre as brincadeiras das crianças indígenas.

As crianças indígenas são muito criativas na hora de brincar. Elas não têm lojas onde comprar os brinquedos, por isso inventam sempre novas brincadeiras para passar o tempo e para aprender, pois os índios aprendem enquanto brincam e brincam enquanto aprendem.

Desde cedo, os pequenos índios aprendem a conhecer a natureza e, aproveitando-se dela, fazem instrumentos simples para brincar. Fazem arcos e flechas, bichos de palha, bonequinhas de barro ou de sabugo de milho, canoas pequeninas de madeira ou de palha de açaizeiro, piões, petecas e diversos brinquedos feitos com coco e palha de palmeira tucum ou babaçu.

Açaizeiro: planta que produz o açaí.

Fazem também bolas de palha, panelinhas, bichinhos de barro, trançados de palha. As meninas gostam de brincar de esconder e todos, todos mesmo, gostam de brincar de pega-pega em um riozinho. É a melhor hora do dia. É muito gostoso!

Crianças kayapós brincando no rio, em Porto Seguro, Bahia, 2000.

Daniel Munduruku. *Coisas de índio – Versão infantil*. São Paulo: Callis, 2003. p. 42.

1. Quais materiais os indígenas costumam utilizar na confecção de seus brinquedos?

_____

_____

2. De acordo com o texto, qual é a brincadeira de que todas as crianças indígenas gostam?

_____

_____

3. Pinte os nomes dos brinquedos de origem indígena citados no texto com os quais você já brincou.

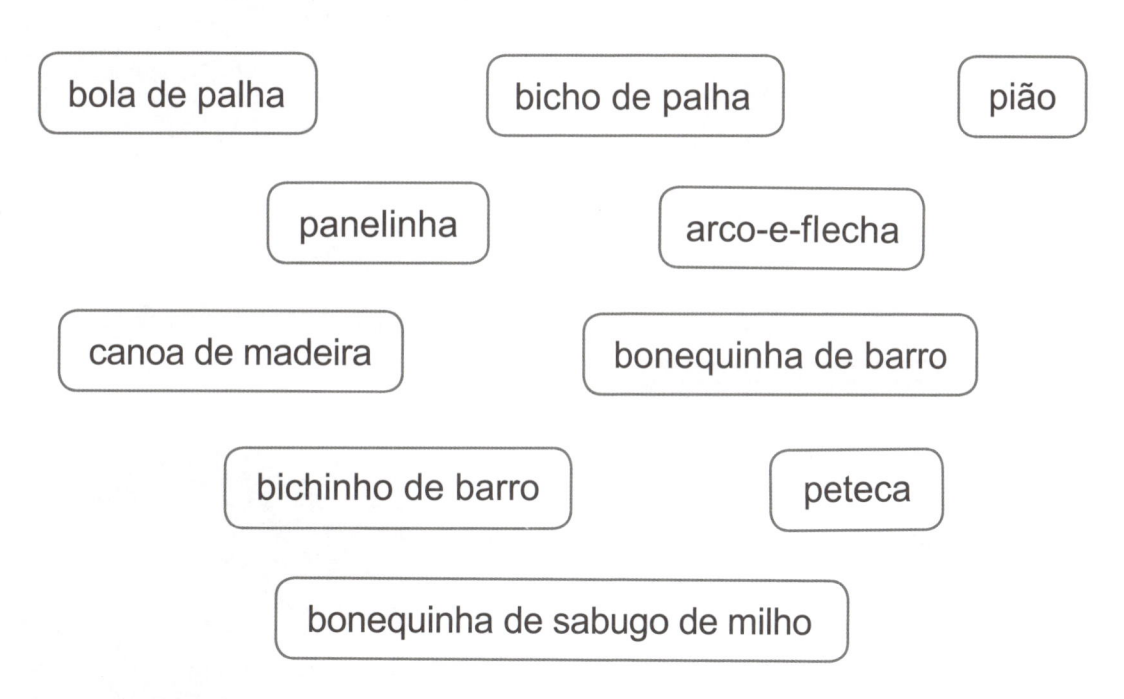

- bola de palha
- bicho de palha
- pião
- panelinha
- arco-e-flecha
- canoa de madeira
- bonequinha de barro
- bichinho de barro
- peteca
- bonequinha de sabugo de milho

4. Você já inventou alguma brincadeira ou brinquedo? Qual? Converse com os colegas e o professor.

5. Um brinquedo bastante comum entre os diversos grupos indígenas é a cama-de-gato. Pesquise para descobrir como é esse brinquedo e tente reproduzi-lo com os colegas.

CAPÍTULO 2

Brinquedo tem história

Os homens pré-históricos faziam bonecos de barro. Nos tempos antigos os bonecos eram de madeira e marfim.

As bolinhas de gude, que hoje são de vidro, já foram elaboradas com pedras semipreciosas.

As bonecas, então, já foram feitas de papel, borracha e massa.

Assim como esses, outros brinquedos existem há muito tempo. Veja outros exemplos.

Tabuleiro da Antiguidade grega encontrado no palácio de Cnossos, que se presume ter sido usado para um jogo semelhante ao de damas. Museu Arqueológico Heraklion, Grécia.

Corrida com aro. Londres, Inglaterra, 1922.

Detalhe de *Jogos infantis*, óleo sobre tela de Pieter Brueghel, 1560, mostra menino com cavalo-de-pau.

Alguns brinquedos mudaram muito ao longo da História, outros permanecem quase como eram quando foram inventados.

1. Com quais brinquedos mencionados no texto ou que aparecem nas imagens você já brincou?

2. Compare o jogo de damas da página anterior com este.

Tabuleiro e peças de jogo de damas moderno.

- Escreva na tabela algumas semelhanças e diferenças entre eles.

Semelhanças	Diferenças

3. "As bonecas, então, já foram feitas de papel, borracha e massa." Com um colega, façam uma pesquisa sobre quais são os materiais utilizados atualmente para fazer bonecas. Registrem as descobertas.

4. Pense em um brinquedo que daqui a cem anos ajudaria as pessoas a entender como as crianças de hoje brincam. Escreva o nome desse brinquedo.

Quem faz os brinquedos

No Brasil, há cerca de cem anos, os brinquedos eram feitos por familiares ou artesãos.

As bonecas de pano e os carrinhos de madeira faziam a alegria das crianças.

Artesão: pessoa que faz objetos um por um, e não em série, como na indústria.

Segundo a historiadora Mary Del Priori, em seu livro **A história das crianças no Brasil**, em 1845 havia doze lojas de brinquedos em nosso país. A mais famosa delas chamava-se **Ao Paraíso das Crianças**.

Propaganda de brinquedos de uma indústria brasileira, década de 1940.

Atualmente existem inúmeras lojas que comercializam brinquedos no Brasil. Também há leis que explicam como devem ser a fabricação e o comércio de brinquedos.

1. Escreva **V** nas frases verdadeiras e **F** nas falsas.

- ☐ Por volta de 1890, os brinquedos utilizados pelas crianças eram feitos artesanalmente.
- ☐ Muitas crianças brincavam com robôs e carrinhos a pilha antes de 1910.
- ☐ Nos dias de hoje, há leis que devem ser obedecidas pelas pessoas que fabricam e comercializam brinquedos.

2. Escreva o nome de cada brinquedo no local correspondente da tabela.

Fabricação artesanal	Fabricação industrial

- Escolha um dos brinquedos de fabricação artesanal e escreva com que materiais ele foi feito.

_____

_____

SUGESTÃO DE LEITURA

Almanaque Ruth Rocha, de Ruth Rocha, Ática.

Rede de Ideias

ORGANIZAR

1. Observe o quadro.

Jogos infantis, óleo sobre tela de Pieter Brueghel, 1560.

a) Escreva o nome de duas brincadeiras presentes nesta pintura.

_____

b) De acordo com o ano da obra *Jogos infantis*, marque um **X** no que pode ser dito da brincadeira **pula-sela**:

☐ Era a preferida das crianças.

☐ É conhecida há mais de quatrocentos anos.

2. Na página 90, você leu um texto em que Daniel Munduruku diz que as crianças indígenas aprendem enquanto brincam.

a) Desenhe uma brincadeira de que você goste. Depois escreva o que é possível aprender com ela.

b) Troque o seu desenho com um colega e converse com ele sobre o que vocês escreveram a respeito.

REFLETIR

3. Na sua opinião, é importante haver leis para a fabricação e o comércio de brinquedos? Por quê?
Converse com os colegas antes de responder.

AMPLIAR

4. Vamos fazer brinquedos com sucata?
Usem a imaginação, reúnam os materiais necessários e mãos à obra!

UNIDADE 8
É bom ser criança

É BOM PODER ESTUDAR!

É BOM PODER BRINCAR!

É BOM TER ATENDIMENTO À SAÚDE!

É BOM TER UMA FAMÍLIA!

É BOM TER UM NOME, UM REGISTRO!

É BOM TER UMA MORADIA AGRADÁVEL!

É BOM QUE A LEI NOS PROTEJA!

IMAGEM E CONTEXTO

1. Converse com os colegas e o professor sobre a ilustração. O que ela representa?

2. Na ilustração há placas em branco. Escreva mensagens nelas. Vale escrever sobre qualquer tema que, na sua opinião, seja importante para as crianças.

3. Leia o significado de **passeata**: grupo formado por pessoas que caminham juntas pelas ruas para pedir, protestar ou festejar algo.

   a) Você ou algum familiar já participou de uma passeata? Qual?

   b) Na sua opinião, as passeatas costumam chamar a atenção das pessoas que não participam delas? Por quê?

CAPÍTULO 1

Os direitos das crianças

As leis surgiram para organizar a vida das pessoas e orientá-las sobre como agir em sociedade.

O Estatuto da Criança e do Adolescente (também conhecido como ECA) entrou em vigor no dia 13 de julho de 1990. É um conjunto de leis elaboradas para proteger as crianças e os adolescentes brasileiros.

De acordo com o ECA, as crianças e os adolescentes têm o direito a moradia, alimentação e assistência médica. Têm também o direito de brincar, de frequentar a escola e de ser protegidos contra a crueldade e a exploração no trabalho, por exemplo.

1. Na sua opinião, entre os direitos das crianças mencionados no texto qual é o mais respeitado? E o menos cumprido?

_____

_____

_____

2. Escreva **V** para as frases verdadeiras e **F** para as falsas.

☐ De acordo com o Estatuto da Criança e do Adolescente, o mais importante é garantir que todos tenham onde morar.

☐ As leis determinam os direitos e os deveres das pessoas.

☐ As leis podem ser modificadas de acordo com as necessidades da sociedade.

☐ As leis sempre existiram.

Sigla: reunião das letras iniciais de um nome ou título.

3. Escreva a palavra correspondente a cada letra da sigla ECA.

_____

4. Há quantos anos existe o ECA?

_____

> Para efeito do Estatuto da Criança e do Adolescente, criança é a pessoa que tem até doze anos de idade incompletos, e adolescente é a pessoa que tem entre doze e dezoito anos de idade.
>
> Artigo 2º do ECA. Disponível em:
> <www.2.camara.gov.br/publicacoes/internet/publicacoes/estatutocrianca.pdf.>
> Acesso em: março de 2008.

O trabalho infantil

"É proibido qualquer trabalho a menores de dezesseis anos de idade, salvo na condição de aprendiz, a partir dos quatorze anos."

Brasil. Consolidação das Leis do Trabalho (CLT), lei número 10.097, de 19 de dezembro de 2000. Disponível em: <www.planalto.gov.br/cclVIL_03/LEIS/L10097.htm>. Acesso em: agosto de 2007.

A lei que proíbe o trabalho infantil no Brasil não é antiga. Como você pôde ver no quadro, ela entrou em vigor no ano 2000.

Durante um longo período da história do país, tanto a sociedade como os governantes aceitaram que crianças e adolescentes trabalhassem para ajudar suas famílias e aumentar a riqueza do Brasil.

Menino vendendo jornal em São Paulo, durante a Segunda Guerra Mundial (1939).

Atualmente, apesar da lei que proíbe o trabalho infantil, ainda há muitos jovens que trabalham.

Uma das razões disso é o fato de as famílias precisarem de ajuda para o sustento da casa.

Adolescente vendendo balas em rua do Rio de Janeiro, 2007.

1. Marque com um **X** as frases corretas.

☐ O trabalho infantil foi proibido no Brasil.

☐ A partir dos catorze anos os menores podem trabalhar na condição de aprendizes.

☐ As crianças que trabalham sempre têm tempo para brincar e estudar.

2. Escolha algumas palavras do quadro e escreva com elas uma mensagem alertando as pessoas contra o trabalho infantil.

> trabalho infantil   brincar   criança
> direito   estudar   lutar   lei

_____

_____

_____

_____

3. Leia o texto.

> Existem ações, tanto de governantes como de organizações, que tentam acabar com o trabalho infantil. Elas ajudam crianças e adolescentes a ter um desenvolvimento adequado e seus direitos respeitados.

Procure em jornais, revistas ou na internet reportagens que falem sobre esse assunto. Reúna-se com colegas e escolham algumas das reportagens para serem lidas na sala de aula.

CAPÍTULO 2

As crianças também contribuem

As crianças também podem contribuir para que as outras pessoas vivam em uma sociedade melhor.

Como? Por exemplo: cuidando do meio ambiente, seguindo as regras de convivência, respeitando todas as pessoas, participando das decisões coletivas. Isso faz parte da **cidadania**. As crianças também são cidadãs.

Marília Pirillo

1. Você concorda que as crianças também têm deveres? Por quê?

2. Reúna-se com dois colegas. Escrevam ações que ajudam a preservar o meio ambiente.

Cuidar do meio ambiente é...

3. Recorte de jornais ou revistas figuras que representam atitudes de cidadania. Traga-as para a sala de aula e organize com os colegas um painel.

4. Existem regras e leis que nem sempre são respeitadas. Qual é, na sua opinião, uma regra da sua escola que não é respeitada?

5. Leia o texto.

> No Colégio Estadual do Cabula, localizado na cidade de Salvador (na Bahia), há um projeto de conservação do livro didático.
>
> Os alunos criaram os dez mandamentos para a conservação desse material. Há uma preocupação em manter o bom estado dos livros, já que um só volume é usado durante três anos e por três estudantes diferentes.
>
> Essa é uma forma de os alunos exercerem sua cidadania.

- Você conhece algum projeto desse tipo? Descreva-o.

_____
_____
_____

SUGESTÃO DE LEITURA

Se criança governasse o mundo..., de Marcelo Xavier, Formato.

Gente que faz!

Trilha cidadã

1. Reúna-se com um colega e brinquem com o jogo de trilha. Vocês vão precisar de um dado, e os marcadores podem ser botões coloridos, por exemplo.

Você não deixou o seu quarto arrumado.
Fique uma rodada sem jogar.

Diga ao parceiro em qual cesto cada tipo de material de reciclagem deve ser colocado. Se você acertou, pule uma casa.

Você reservou um momento para a leitura.
Você se instruiu e pode avançar duas casas.

Respeitar as leis de trânsito é uma atitude de cidadania. Pule três casas.

Desperdiçar água não é uma ação de um cidadão responsável. Escreva uma atitude que ajuda a preservar a água. Depois, volte para a casa em que há a escola.

Todos devem ser tratados com educação e respeito. Volte quatro casas.

Escreva alguma ação com que você pode cooperar para a conservação da escola.
Se deu uma boa sugestão, pule uma casa.

Parabéns! Você tem uma atitude cidadã e que coopera com a boa convivência!

Rede de Ideias

ORGANIZAR

1. Circule na imagem as situações que estão de acordo com o Estatuto da Criança e do Adolescente.

2. Marque com um **X** a fotografia que mostra um trabalho infantil.

Menina fazendo dever de casa.

Meninos em carvoaria no norte de Minas Gerais.

Crianças ajudando nas tarefas domésticas.

REFLETIR

3. Converse com um adulto para responder a estas questões.

a) Qual é o nome do documento que dá aos cidadãos um registro de identidade?

_____

b) Com que idade os jovens podem começar a trabalhar atualmente?

_____

AMPLIAR

4. Reúna-se com um colega. Escolham uma pessoa ou associação da região onde vocês vivem que trabalha em favor de atitudes cidadãs. Depois, conversem sobre essa pessoa ou associação e escrevam um texto dizendo quem ou qual é e o que faz.

Convivência

Declaração Universal dos Direitos da Criança

> Você sabia que, em casos de emergência, toda criança tem o direito de ser socorrida e receber proteção em primeiro lugar?

O Estatuto da Criança e do Adolescente entrou em vigor em 1990. Antes dele, porém, já havia um documento chamado **Declaração Universal dos Direitos da Criança**, de 20 de novembro de 1959.

Nessa declaração, representantes de vários países confirmaram os dez princípios para que as crianças sejam protegidas, cuidadas e amadas.

1 Direitos das crianças

Para garantir o respeito aos nossos direitos, precisamos conhecê-los.

O que vocês devem fazer

- Pesquisem quais são os dez direitos das crianças garantidos na Declaração Universal dos Direitos da Criança.

- Dividam-se em dez grupos. Cada grupo ficará responsável pela elaboração de um cartaz sobre um dos direitos. Escrevam o direito e façam desenhos ou colem fotografias para ilustrá-lo.

- Apresentem os cartazes para o restante da turma.

- Combinem o local da escola onde serão expostos os cartazes. Assim, outras pessoas também conhecerão os dez direitos presentes na Declaração Universal dos Direitos da Criança.

2 Falando nisso...

a) Você conhecia todos os seus direitos?

_____
_____

b) Qual deles você considera mais importante? Por quê?

_____
_____
_____

3 O mundo seria...

Faça um desenho de como você imagina que o mundo seria se todos os direitos das crianças fossem respeitados.

Sugestões de leitura

Unidade 1

- Marta Cristina Pereira Neves. **Um outro pôr-de-sol**. Belo Horizonte: Formato, 2001.

    Um menino não tem nada além das maçãs que vende e de um sonho: viajar para bem longe para ver como é o pôr-do-sol do outro lado do mundo. O enredo revela a possibilidade de vivências e descobertas por meio da imaginação e da criatividade.

Unidade 2

- Cláudio Thebas. **Amigos do peito**. Belo Horizonte: Formato, 1996.

    Poemas sobre o cotidiano infantil, incluindo temas como os amigos da escola e os vizinhos, entre outros, que "desfilam" diante do leitor, em uma linguagem coloquial, ora bem-humorada, ora carregada de poesia e ternura.

Unidade 3

- Ziraldo. **O menino e seu amigo**. São Paulo: Melhoramentos, 2004.

    O autor conta a história da relação adorável do Menino Maluquinho (que é ele mesmo) com seu avô. De forma carinhosa e sensível ele faz o paralelo dessa relação com a dele, agora avô, e a netinha Nina.

Unidade 4

- Claudia Fries. **Um porco vem morar aqui!** São Paulo: Brinque-Book, 2000.

    É a história de um porco que se muda para um edifício, e seus vizinhos, outros bichos, começam a culpá-lo por tudo que acontece de errado. Mas, quando vão visitá-lo para reclamar, descobrem que as aparências enganam.

Unidade 5

- Ana Maria Machado. **Camilão, o comilão**. São Paulo: Salamandra, 2006.

    Camilão é um porquinho guloso que faz sua feira semanal pedindo alimentos para outros bichos. Depois de juntar os alimentos, ele organiza uma festa para os amigos que colaboraram, a fim de dividir o que tem.

Unidade 6

- Helen Lester. **Vitória da preguiça**. São Paulo: Ática, 2002.

    Espoleta é uma preguiça cheia de energia que frequenta a Escola das Preguiças e quer realmente aprender. Mas seus colegas não gostam do seu jeito de ser. A escola tem a pior avaliação do Distrito dos Mamíferos e vai ser fechada. Espoleta é que vai ajudar a resolver esse problema.

Unidade 7

- Ruth Rocha. **Almanaque Ruth Rocha**. São Paulo: Ática, 2004.

    Brinquedos e brincadeiras, charadas, canções, datas comemorativas, estações do ano, experiências científicas, fases da Lua, fatos históricos, folclore, personalidades, piadas, provérbios e muito mais fazem parte deste livro.

Unidade 8

- Marcelo Xavier. **Se criança governasse o mundo**... Belo Horizonte: Formato, 2003.

    Uma terra governada apenas por crianças: essa é a situação imaginada pelo autor, que cria um mundo de delícias, maravilhas e muita alegria, mostrando soluções que as crianças dariam para problemas e conflitos dos adultos.